G

咕
噜
GuRu

发现，发声

寻迹古中国

翟德芳 著

上海三联书店

铜朱雀衔环杯（西汉）

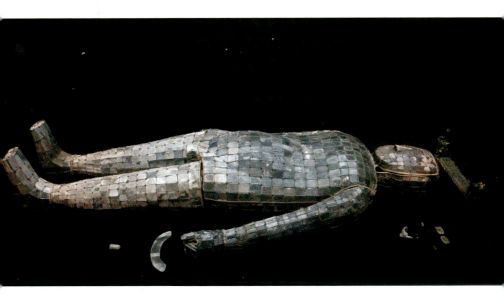

刘胜金缕玉衣（西汉）

透雕神仙故事玉座屏（东汉）

掐丝金龙头（东汉）

掐丝金辟邪（东汉）

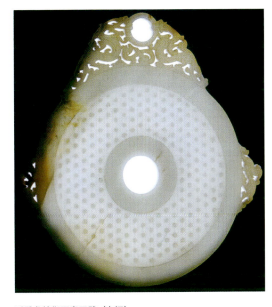

透雕龙螭衔环青玉璧（东汉）

双思惟菩萨像（北齐）

錾花金棺（北齐）

贴金彩绘石雕佛立像（北齐）

贞孝公主墓壁画（渤海）

上京出土的铜鎏金佛像（渤海）

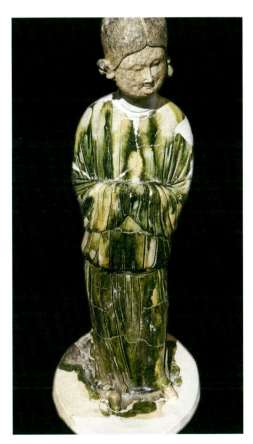

三彩女俑（渤海）

摩尼殿倒坐观音（明代）

序 言

在浩瀚的历史长河中，中国，这片古老而神奇的土地，孕育了璀璨的文明，留下了无数令人叹为观止的文化遗产。它们如同散落在广袤大地上的璀璨星辰，虽历经风雨侵蚀，却依旧熠熠生辉，诉说着过往的辉煌与沧桑。

正所谓伟大也要有人懂，中华文明的辉煌与沧桑需要从不同角度、以多种形式介绍给广大的读者，这也正是我对《寻迹古中国》一书颇为赞赏的原因。《寻迹古中国》，顾名思义，是一次追寻古老足迹的旅程，它不仅仅局限于文字的记述与图片的展示，更是一场心灵与历史的对话，是一次中华文明的普及之旅。作者以敏锐的洞察力、深厚的学术功底以及对文化遗产的无限热爱，穿梭于古城遗址、古墓葬群、石窟壁画之间，将考古、历史、文化、艺术等多个领域的知识融为一体，构建起一幅幅生动立体的古中国文明图景。

《寻迹古中国》的魅力，不仅在于对文物古迹的介绍，更在于通过生动的叙述和深入的剖析，让读者理解这些遗迹背后的故事——那些关于权力更迭、文化交融、民族兴衰的宏大叙事，以及个体命运、家族传承、工匠精神等微观层面的细腻描述；尤为难得的是，其中还穿插了考古学者们对古代遗迹的调查与发掘中的长期坚持与迭代努力的学术传承。这些故事，如同历史长河中泛起的朵朵浪花，虽微小，却生动。

本书作者本是吉林大学历史系考古专业七八级学生，是我的学弟，是一位考古科班出身的出版人。德芳学弟大学毕业后就进入出版行业，长期深耕于文化和学术出版，以其独到的眼光，挖掘并推广了众多优秀的文化作品。他在四十多年的出版生涯中，深深了解到，在快节奏的现代生活中，人们对于历史文化的渴望与追求并未减退，反而愈发强烈。在这个意义上，今天不仅需要有精深的学术出版物，还要有高质量的面对普通大众的文化出版物。

正是从这种需求出发，德芳学弟基于自己的考古学理论基础和丰富的文物知识，行走于北部中国，写出了《寻迹古中国》。严格的考古学训练，使得他能够游刃有余地将学术研究的严谨性与出版工作的创新性相结合。他不仅能够准确解读考古发现背后的历史信息，还能够以生动有趣的笔触，将这些复杂的历史知识转化为普通读者易于接受和理解的内容。因此，《寻迹古中国》不仅是一部考古普及书，更是德芳学弟作为资深出版人和考古学者双重身份下的精心之作。读者诸君可以通过书中深入浅出的叙述方式，进一步亲近并了解我们伟大的古中国文明。

我欣喜地看到，本书只是德芳学弟退休之后再续考古之缘的首部作品，未来他还有更多的寻访计划。相信在他的引领下，会有更多人迈进古中国的历史长河，感受那份跨越千年的文化魅力。

总之，《寻迹古中国》值得每一位热爱历史文化、渴望探索未知世界的读者细细品读。让我们跟随作者的脚步，一起踏上这场寻迹之旅！或许，我们会发现，那些看似遥远而陌生的历史，其实早已融入了我们的血脉之中……

中国考古学会原理事长

中国社会科学院学部委员，一级研究员

2024年9月

目录

纵横大东北：访古东北行

太行山前说文物：冀中访古记

穿行在山海之间：山东访古行

四十年后：再续我的考古之缘（代前言）

写下这个题目，心中还是有一些激动的，颇有四十年风云奔来眼底的感觉。面对眼前这部文稿，我才惊觉，我已经离开考古这个行当太久了，而今能够接续上当年的志业，不能不说是一种幸运。

我1976年中学毕业，回乡务农两年后参加1978年高考，被吉林大学历史系考古专业录取。其实在我所填报的志愿中，根本没有考古专业这个选项。作为农村青年，尽管当年我知道秦始皇陵兵马俑、马王堆汉墓的发现，但真的不知道还有个"考古专业"，大学志愿填写的都是历史系、中文系之类。收到录取通知书以后，我却十分兴奋，觉得我本来就应该读这个专业似的。所以要感谢那位吉林大学录取新生的老师，把我拉进考古专业的大门。

入学以后，我在专业各位老师的指导下，从最基础的历史、考古知识学起，开始了考古专业的基本知识和技能的训练。专业课方面，我们的旧石器时代考古是由匡瑜老师讲授的，新石器时代考古是由张忠培老师讲授的，商周考古是由林沄老师讲授的，此后的秦汉考古、三国至隋唐考古分别是由李如深和魏存成老师讲授的。四年的学习中，分别在大二的下学期和大四的上学期有两次田野考古实习，其中前一次是在河北的张家口，后一次是在山西的太谷。进入大三以后，我不满足于课堂的内容，开始自己读书，寻找材料，学习翻译和写作一点专业的文章。当时的考古资料还少，比较全面的发掘报告都很难从图书馆借到，我就从《考古》《文物》《考古学报》等杂志上寻找资料，到四年级的时候，我翻译了日本学者秋山进午的论文《内蒙古高原的匈奴墓葬》，撰写了论文《中国古代的马衔和马镳》，尽管那论文和译文的体式与文字还很粗糙，但毕竟是在专业研究的路子上走出了第一步，心中还是很兴奋的。

到了大四的最后一个学期，同学们除了准备报考研究生的之外，都开始到外地去毕业实习，而我因为寒假时发生了一次车祸，无法参加实习，只好把《中国古代的马衔和马镳》这篇论文作为毕业论文。当年毕业的同学基本上没有写毕业论文的，我的论文倒是获得了老师们的好评。毕业分配的时候，由于不可能留校，辽宁省的省级考古机构也不要人，我本来是准备回丹东老家从事基层文保考古工作的，不料北京的中国大百科全书出版社临时向我们专业要一名文字功底好的毕业生，去做《中国大百科全书·考古学》的编辑工作，大概老师觉得我的论文还可读，就决定把我派到北京了。

1982年7月，我到出版社报到时还是很兴奋的，不料到了被分配的编辑部，心却一下子凉了半截。当时的中国大百科全书出版社，除了自己编纂《中国大百科全书》之外，还同美国的百科全书公司合作，翻译出版《简明不列颠百科全书》，后者的工作正进行得如火如荼，人事处分配我去的，也正是这个编辑部。这是把一个天大的难题摆在我面前了：因为在这个编辑部工作，英文必须要好，而我中小学根本没有学过外语，大学时专业安排的外语是日语，所以我对英文一窍不通，如此肯定无法胜任工作啊！这可咋办呢？工作了两天后，我打听到与我同期分配来的，还有一位中国人民大学历史系的学生，名叫孟宪民，他被分配到考古学编辑组了。这可真是满拧啊！于是我找到孟宪民兄，商量是否可以互换一下。因为他不是学考古的，也同意我的想法。我们就各自找了自己的主管领导，领导们也觉得应该调整，这样我才如愿地到了考古学卷的编辑组。

　　进入考古学卷编辑组之后，我先是负责了一阵子杂务，就是去专家那里取稿子然后打印之类；后来领导觉得这样使用一个专业学考古的大学生有点浪费，就让我负责"商周考古"和"外国考古"两个分支共500多个条目的编辑工作。20世纪80年代的中国考古学界，综合研究还是很不充分的，尤其是外国考古的部分，根本没有人研究，很多内容是这次编纂考古学卷才列出了条目，考古界的人没人能写，许多条目都是聘请研究外国历史的专家撰写的，内容看起来总有一点"隔"。为了编辑好这些条目，我自己寻找资料，努力让这些考古条目"实"起来，更具有考古特色。为了更有说服力，我用业余时间翻译了日本《世界考古学事典》中亚洲、欧洲、非洲、拉美的相关条目共20余万字，给条目撰写者和编辑组参考。在大家的共同努力之下，《中国大百科全书·考古学》于1986年夏顺利出版，获得了业界的好评。

在从事编辑工作的同时，我也没有扔下自己的业余研究，在这一时期撰写了《中国北方地区青铜短剑分群研究》《试论夏家店上层文化的青铜器》《商周时期马车起源初探》等学术论文，翻译了《见于鄂霍茨克文化的靺鞨、女真系遗物》等日文文献，其中讨论青铜短剑的论文1988年发表在《考古学报》上，其他几篇文章也都陆续发表了。

本来以为我可以沿着这个路子走下去，不料考古学卷完成之后，我就被安排到《中国大百科全书》的外国史卷做编辑，承担了朝鲜史、蒙古史、非洲史、拉美古代史等国别史、地区史的编辑工作。在外国史卷紧张工作了一年、完成编辑任务之后，我又被派到中国史卷，负责"明史"分支的编辑工作，如此就离我的考古专业越来越远了。1987年夏，编完"明史"分支，社里又任命我为中国大百科全书出版社的副牌知识出版社的编辑部副主任，去做知识普及性图书的出版工作。从这时起，我就算是走上了管理岗位，在知识出版社负责人的岗位上一待就是13年，直到2000年被派到香港工作。在这样的情况下，我所钟爱的业余考古研究势必无法继续，所以我的前期考古实践，其实到1985年就基本停止了。

不过，我仍尽可能地做一些考古图书的出版工作，包括发掘报告、考古论文集等，在香港工作期间，我还同中国国家博物馆合作，出版了一套八卷的《文物中国史》，此书的国内版本获得了首届中国政府出版奖的提名奖。与此同时，我也尝试着做一点考古知识的普及工作。在20世纪90年代，我写了一本《古遗迹探奇》的小册子，向小学生介绍文物考古知识，由当时的国际广播出版社出版。不过当年考古还是一个冷门专业，书也没有引起什么反响，但近年公众考古大热，我的这本小册子还被公众考古的开创者、我的大学同学高蒙河教授评价为"公众考古的滥觞之作"。

话虽如此说，我离开考古专业研究的时间，如果从1985年算起的话，到现在已经整整40年了！从生活·读书·新知三联书店的总编辑岗位退休之后，也没有打算再在这方面做点什么，直到我们七八级考古专业的同学重聚于张家口的实习现场，直到《文博时空》向我发出约稿邀请，我才有机会重续我的考古之缘。

2022年7月，是我们吉大七八级考古班毕业40周年，大家都有心重聚一次，但由于新冠疫情，这个愿望未能实现。转过年来，解除疫情的封锁，同学们又心思活泛起来，最终于这一年的5月回到了我们第一次考古实习的张家口地区蔚县三关村。

这里是我们考古生涯的出发之地，即使我这个同专业睽违已有近40年的人，来到这里，也觉得分外亲切，分外熟悉，当年所受的考古训练、发掘实习时的艰苦生活恍如昨日。我们又看了河北省文物考古研究院在张家口郊外发掘的龙山文化时期的城址，看了蔚县和宣化的古墓古建筑，深为现今的考古文保工作的迅猛发展所打动，萌发了要写点什么的念头。

事有凑巧，回到北京后，北京从事文物鉴定、修复的金艺桥公司要创办一个名为"文博时空"的公众号，我的老朋友、金艺桥公司的总经理毕家鸣知道我是考古专业毕业，就希望我为公众号写一点东西，做一点文物考古的普及工作。我当时对于国内考古事业的状况并不熟悉，但朋友的要求又不好回绝，就答应试试，因此把我们在张家口所见到的考古文保成果写成几篇文字，交给了她。没有想到的是，公众号刊出后，读者反映还挺好，故此《文博时空》的编辑希望我继续写下去，而我也从中找到了自己同考古的衔接点，觉得似乎可以按照这个路子走下去看看，所以又策划了几次专门的访古之行，于是就有了这里的其他文字。

为了写好这些文章，我在筹划一次新的访古行程之前，就要先做好资料的收集工作，明确要访问哪些地点，规划所需的时间；到达地点之后，认真考察，做好记录和拍照；回家后再查找相关的文献，形成我的访古文章。我对自己的要求是，尽量以通俗的文字，介绍古代的遗迹遗物和地上文物，不夸张，不虚饰。与此同时，也尽量选好题材，讲出"考"的故事，讲清"古"的渊源，力求使自己的文字具可读性，为读者带来实实在在的知识。

一年来，我的访古行程已经到过河北、内蒙古、辽宁、吉林、黑龙江、山东等省、自治区，以及陕西、宁夏、甘肃的部分地区，大体在北部中国的东半部穿行，接下来如果时间许可，我计划按着陕晋豫、华中、华东、西北、西南、华南的顺序，去访问各地的考古遗址、博物馆以及地上文物，把那些最重要最精彩的考古成果介绍给大家。

近几十年来，随着我国经济的发展，考古事业也取得了巨大的成就，尤其是在人类起源、农业起源、文明起源、统一多民族国家建立和发展、中华文明在世界文明史中的重要地位等关键问题上都积累了可观的成果。现在国家提出要构建文化遗产大保护格局，在守护文明瑰宝中建设中华民族现代文明；要实证"大历史"，深入实施中华文明探源工程，加强文物科技攻关，创建世界一流考古机构，努力建设中国特色中国风格中国气派的考古学，在传承文明基因中建设中华民族现代文明；要书写"大叙事"，发挥文物资源独特优势，创建中国特色世界一流博物馆，构建国家文物鉴定体系，发挥好革命文物教育功能，深化实施中华文物全媒体传播计划，建好国家文化公园、文物主题游径、文物保护利用示范区，在赓续文明根脉中建设中华民族现代文明。这些任务宏伟而长远，我很高兴自己可以在这个时节接续上我的考古之缘。我愿意在深入学习、把握考古新成果的基础上，身体力行、走访文物古迹，与更多的朋友分享我的心得。

当然，有良好的愿望是一回事，能否做到、能否做得好是另一回事。我也明白，毕竟自己在行业外多年，对专业内容还不熟悉，因此所选择的题材、所介绍的内容都可能存在不足，甚至有错误，在此也恳请方家与读者批评指正。还要说明的是，书中图片除注明出处的之外，都是我用手机拍的，没有专业的设备，也没有好的环境条件，我的拍照技术也不能说好，这些图片主要是为了帮助读者理解遗迹遗物的特征，希望大家千万不要用专业摄影作品的标准来要求。

我的前面永远有新的考古发现，我的访古之路也正长，我将为此目标而努力！

邓槽沟梁遗址
堡子里古城 ——— 张家口
大境门

泥河湾

古人类遗址
博物馆

暖泉古城

蔚州古城

玉皇阁　　真武庙
灵岩寺　　南安寺塔
故城寺

三

旧地重游

访古张家口

宣化

代王城

址

北京

当年实习的午饭场面

张家口与北京毗邻，然而，我长居北京40多年，却没有专门到过一次！其实，张家口是与我有大缘分的城市。我们大学二年级，第一次考古发掘实习，就是在隶属于张家口市的蔚县农村，当时的名称是西合营公社三关大队（现在已经改为西合营镇三关村）。我记得很清楚，1980年初春，我们吉林大学七八级考古专业的20个学生，就顶着东北的春寒，登上火车，经北京转车，来到张家口。为了方便辨认，我们的行李都装在编织袋里，每人两个，白花花的，跟后来农民进城打工的装备差不多。在三关，我们在指导老师张文军的带领下，从布探方、清表土、刮平面、辨土色开始，一点一点地学习考古发掘的基本知识和技能。当然，还要每天吃当地的有些粗糙的小米。

　　我们在三关持续发掘三个多月后，又转移到张家口市的展览馆（当时称万岁馆，因为馆前有毛主席挥手的巨型雕像）进行整理，直到暑假开始才返回学校。三个多月的发掘和一个多月的整理，构成了我们跻身考古队员行列的最早生涯。这里留给我的记忆是如此深刻，以至往往梦中都会同张家口、三关再次相遇。每当这个时刻，都觉得要去一次张家口，却又想，张家口离北京这么近，不管什么时候都可以去的！因此就又拖下去。

2022年7月，是我们大学毕业40周年，大家在微信群里讨论着要隆重地庆祝一下，然而因为新冠疫情，我们的所有规划最后都只能落空。进入2023年，解除了各种限制，大家又议论起这个事情来，觉得有必要补上去年的这个遗憾，但具体在哪儿合适呢？开始大家莫衷一是，最后不知是谁提起，可否放在张家口？这建议立即得到热烈响应。确定了地点，之后的一切就好办了，经过紧锣密鼓的准备，我们终于在这一年的5月，汇集在张家口，开始了我们的寻根之旅。

　　我们这些七八级考古专业的学生，当年还是20来岁的小伙子，而今都已过花甲之年，并且多已退休，晚我们10年甚至20年入学的学弟们也已成长为各地考古队伍的中坚力量。我们的这次考古"寻根之行"得到了河北省、张家口市、蔚县文物考古机构的大力支持和多方关照，此行的大本营就设在位于泥河湾的旧石器时代考古研究中心的考古之家。我们白天到各处考察走访，晚上回到考古之家，足迹所至，不仅有当年实习的三关，还考察了暖泉古城、蔚县博物馆、蔚州古城、代王城、泥河湾旧石器时代遗址、宣化辽墓、邓槽沟梁考古发掘工地，以及张家口市内的大境门、堡子里古城、宣化城楼等古今建筑，可谓收获满满。

"三岔口"上的张家口

2022年2月的北京冬季奥运会，把张家口这座小城市推到了世界人民的面前。连绵不绝的长城、苍翠起伏的群山，加上处处古堡、座座古建，令张家口充满迷人的魅力，连许多北京人都惊叹："没想到我们旁边的张家口这么漂亮！"

其实，张家口是一个有大历史、深内涵的城市。地理上，它位于内蒙古高原和华北平原的交界地带，阴山山脉横贯其中，将其分为坝上和坝下两个部分。洋河和桑干河横贯东西，在阴山山脉中开辟出若干通行的孔道。历史上，这里是内蒙古高原和华北平原商业、文化交流的要道，更是兵家必争之地。

百年前，就有许多学者注意到了张家口。1924年，法国古生物学家德日进和桑志华、美国地质学家巴尔博就来到张家口进行地质考察。20世纪30年代，建筑学家梁思成和林徽因夫妇考察山西古建筑时，往返都经过张家口，在这里留下了他们的足迹。

中国考古学泰斗苏秉琦先生很早就意识到张家口地区在文化地理学上的意义，他把张家口称作中原与北方古代文化接触的"三岔口"，是北方与中原文化交流的"双向通道"。也正因为如此，苏秉琦先生的弟子张忠培先生在创建吉林大学考古专业之初，就把北方边疆地区的考古学研究作为本专业考古研究的主要方向，而其中的重点地区就是张家口。

我们七八级和七七级考古专业的学生在这里持续发掘了三年，许多同学的毕业实习也是在这里。他们走遍了蔚县附近的山山水水，踏查古代的遗迹遗物，摸清了这一地区的新石器时代至商周时代的遗址分布情况。我们毕业后，吉林大学考古专业又持续在这里发掘了很长时间，重点发掘了三关遗址、庄窠遗址、筛子绫罗遗址，揭示的文化面貌证明了苏秉琦先生的论点。

苏老所谓的"三岔口"，指的是此地东北方向的辽西地区红山文化—夏家店下层文化为一方、西南方向的仰韶文化—夏商文化为一方、西北方向的内蒙古河套地区的新石器文化—青铜时代文化为一方，三个方向的文化在这里汇聚、碰头、交汇。

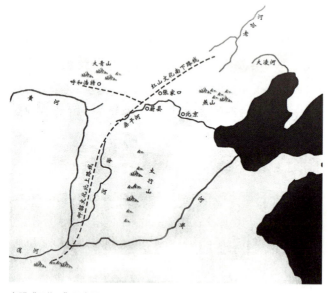

文明"三岔口"示意图

从实际考古发现看，三关遗址主要为仰韶文化遗存，其次为龙山文化、夏家店下层文化遗存，三关发现了红山文化的圜底彩绘双耳罐、夏家店下层文化的青铜耳环。庄窠遗址和筛子绫罗遗址则主要是中原仰韶文化、龙山文化和河套地区龙山文化的堆积，尤其是筛子绫罗出土的卵形三足瓮，是河套地区龙山文化的典型器物。这些发现足以说明，在五六千年前，河北北部的桑干河流域也是中华文明的主要起源地之一，源于辽西的红山文化的居民，和源于陕西的仰韶文化的居民、源于内蒙古地区的河套文化的居民在这里相遇，并融合发展。他们居住半地穴式房屋，制作精美的陶器，使用磨制石器，种植粟和黍，发展起繁荣的文化，并一直持续了几千年。

我们张家口之行的第一站，是我们的实习发掘地三关村。世事沧桑，当年我们发掘的遗址地点，现在早已复垦、种上了玉米，当年绿草如茵、溪流淙淙的河谷，而今已经被改造为农田；三关村口的陡坡还在，但我们当年居住过的老乡家已经找不到了，由于年轻人都出门打工，村子里有的只是一些老人和妇女；我们当年的"队部"，由于长期无人居住，已经是一片废墟，只余门口的门楼。

我们慨叹于四十年间村庄的巨变，更明白在一个更久远的时段里，那变化就更是天翻地覆般的了。最形象地说明这一点的，是张家口著名的旧石器时代遗址群——泥河湾。

所谓泥河湾，其实是一个小盆地的名称。它位于张家口的阳原县东部、桑干河北岸，东西长60余公里、南北宽10公里，在200多万年以前，这里是一个较大的湖泊，后来湖水干涸，由于河流的侵蚀，裸露的湖底成为丘陵、台地、盆地。盆地周围森林密布，气候温暖潮湿，野生动物密集，是远古人类理想的居住场所。从百年前的德日进、桑志华开始，考古学家们世代接续，在泥河湾发现了80多个旧石器时代的遗址，出土了数万件古人类化石、动物化石和各种石器，这些发现几乎记录了从旧石器时代到新石器时代发展演变的全部过程。

这里举几个特别重大的发现：1994年，古生物学家、考古学家贾兰坡先生和他的同事们在泥河湾的小长梁遗址发现了2000余件世界上最早的细小石器。这些石器大多重5～10克，最小的重不到1克，可分为尖状器、刮削器、雕刻器和锥形器等类型，经古地磁法测定，年代为距今约160万年。1995年至1998年，在于家沟遗址找到了华北地区极为难得的更新世末期至全新世中期的地层剖面和文化剖面。2001年马圈沟遗址的发掘，首次发现了200万年前人类用餐的遗迹，同时还出土了几百件石制品、动物骨骼，这是迄今为止我国发现的最早的人类起源地。由于这些重大发现，泥河湾多次被评为全国考古十大发现之地，也早早地成为全国重点文物保护单位。

泥河湾早期人类遗迹的发现，对此前的"人类起源于东非说"提出了有力的挑战。泥河湾的意义还不止于此。泥河湾的远古文化遗址分布面广、内容丰富，囊括了古人类学、旧石器

泥河湾地区地形图

考古学、古生物学、第四纪地质学、古地磁学、古气候学等多个学科，几乎记录了人类起源和演变的全过程，是一个天然的大博物馆。如今这里不仅建起了国家考古遗址公园，河北省文物研究院还在这里建起了旧石器考古研究中心，泥河湾考古博物馆正在建设之中。泥河湾不仅有丰富的出土遗物，还有国际地质考古学界公认的第四纪标准地层、泥河湾地址剖面、泥河湾动植物群，所以这里已经成为世界古人类文化等多学科研究的宝库。

依托泥河湾得天独厚的地质、埋藏条件，国家在这里成立了泥河湾研究中心。这个中心位于泥河湾盆地南缘的台地之上，我每天白天和大家出门到周边各地访古，晚上回来，俯瞰着泥河湾盆地的沟沟岔岔，与陈列馆里的古动物骨骼和石器为伴，似可听到桑干河的哗哗流水之声，恍如我们自己也成为远古人类的一员，那种悠长的思古之情真是难以言表！

张家口古堡看军争

张家口历来是兵家必争之地。这里是内蒙古高原和华北平原间的咽喉，谁据有此地，就进可攻，退可守。远的不说，1946—1949年的国共三年内战期间，双方军队就在张家口打了几次大仗。时间上溯到明朝，蒙古高原盘踞着蒙元残余势力，瓦剌部蒙古人更在很长的时间里时刻威胁着北京的安全。明朝高度重视北方边境安定，沿边设立了九个军镇，称为"九边"，张家口地区当时属于宣府镇，治所就在今天张家口市的宣化区。

正是出于防卫的需要，张家口地区历代建设了许多的屯堡，这些屯堡有不少一直沿用到今天，成为很有特色的古城古镇。

邓槽沟梁古城

提到张家口的古城，很多人会立刻想到大境门。大境门确实很有名，但在张家口，有很多古城比它更早、更有内容、更值得一看。这次我们算是偏得，由我们的学弟、河北省文物考古研究院张文瑞院长带领，参观了他们正在发掘的邓槽沟梁古城。

古城位于张家口市区以北、大境门东北2公里的二级台地上。经发掘，发现这里有五个阶段的文化遗存，最早的距今8000年左右，还有距今4200年左右龙山文化晚期的石城。城墙为土石结构，宽约13米。在距今4000年前后，城的建设已经很完备。城内面积保存下来的就有40万平方米，城门处有瓮城、道路等，还发现有马面。已经发掘的南门，经历了前后五期的发展，其城墙早期为石砌，晚期已经出现版筑工艺。

邓槽沟梁古城的瓮城遗迹

这个古城规模大、时间久，是河北省首次发现的相当于夏商时期的古城，堪称河北第一城，意义自不待言。笔者登上城门的石墙，开始还想：在这样高的山上筑城，饮水问题如何解决？待看到城下村庄的水井，我才恍然：老话说的"山多高水多高"真不虚也！

代王城

代国，是位于张家口地区的古代干国，所以河北又称燕代之地。据说代国是商汤所封，确切的代国在战国初期时被赵国所灭。秦统一中国，在代地设代郡。刘邦建立汉朝，封其兄刘喜为代王。不久刘喜畏惧匈奴逃回，被废。代国的国都在今张家口地区蔚县境内，其遗址今天被称为代王城。汉代第二任代王为刘邦之子刘恒，不过他将国都迁到晋阳（今山西太原），所以他以代王之身即位为汉文帝，是由晋阳赶到长安的。

位于蔚县代王城镇的代王城遗址平面呈椭圆形，东西长3400米，南北宽约2000米，现今地面上残存的城墙高3～12米不等，南墙有马面11处，推测当时其敌人主要是来自南方吧？城内中部有大型夯土台基，边长25米，推测为王宫建筑。城的周围有许多战国和汉代墓葬群。

代王城北面为浅山丘陵，南有恒山余脉，壶流河从其西南向东北绕城而过，其建设防卫的意义浓重。今天站在已经是农田的代王宫殿遗址之上，环望周围群山，脚踏厚厚的汉代瓦片，真令人兴出"浪淘尽，千古风流人物"之感。

蔚州古城

蔚州之设，始于东魏天平二年（535），此后历代沿袭。明代重防守北边，在洪武七年（1374）设蔚州卫，隶属于山西行都指挥使司。蔚州古城位于今蔚县城内，始建于北周大象二年（580），明洪武十年（1377）重建。

古城墙形状不规则，南宽北狭，周长3800多米，高11.5米，东、南、西开有三座城门，还有4座角楼、24座敌楼、1100多个垛口。城门外均建有瓮城，城外有深10米、宽20余米的护城河。

由于历史原因，古城有一定破坏，但仍保存下长1600多米的北城墙，城内不仅有蔚州署、玉皇阁、灵岩寺、真武庙等建筑，还有众多的民居，基本保存着明清古城的遗风。

玉皇阁侧面"目穷千里"的牌匾说明了其军事上的意义

登临古城北面的玉皇阁，向南远眺，古城全貌尽收眼底。这座城市的建设很有特色：城内以东西南北四条大街为主干；鼓楼与南门对称；东西两侧城墙多弯曲；没有北门，而在北城墙上建了一座玉皇阁。笔者推测，这仍然是出于防卫的考虑：弯曲的城墙便于防守；高阁便于瞭望；敌人从北面来，没有城门可攻打，只有分兵东西城门，从而减弱了防守的压力。

大境门、来远堡和堡子里

讲到这里，终于要说一说大境门了！大境门可以说是张家口的象征。大境门是万里长城四大关口（山海关、居庸关、大境门、嘉峪关）之一，在历史上有重要地位。大境门始设于明洪武元年（1368），成化二十一年（1485）建起城墙，而今所见的大境门修筑于崇祯十七年（1644），条石砌筑，砖筑拱门，造型朴实厚重。

大境门。门楣上"大好河山"四字是察哈尔都统高维岳于1927年题写的

大境门是京城北方的咽喉，但明朝与北方的蒙古并不总是处于敌对状态。蒙古俺答汗时期，明廷封其为顺义王，双方开始"茶马互市"。俺答汗死后，其夫人三娘子继续同明廷保持友好，互市进入兴旺时期，因而有大境门内侧来远堡的兴建。

来远堡的北门来远门

　　为方便互市，万历四十一年（1613），宣府巡抚汪道亨主持在大境门内筑堡城，竣工后命名为"来远堡"。来远堡北墙距长城仅十二丈，其东西墙与长城连接。堡墙周长二里十三步、高三丈五尺，设两门，北门名来远，为蒙民出入口；西南门名永顺，为汉民出入口。北门与小境门相对，门洞内有吊门。堡内占地约百亩，设有总管署、观市厅、司税房、抚赏厅以及营房，以管理贸易以及防卫。开市时，蒙汉之民进入堡中，交易茶马，热闹非常。但这里是市场，汉地军民平时的居所在别处，也就是堡子里。

　　堡子里本是依长城而建的寨城，宣德四年（1429），万全右卫指挥使张文将其翻建为城堡，命名为张家堡。堡墙高三丈

伦才书院的正厅

三尺、周长四里十三步，东、南各开一门。百年后守备张珍又在北城墙开一小门，称"小北门"，作为互市边口。因此门为张珍所开，所以叫"张家口"。因为此堡在来远堡之南，所以来远堡称上堡、堡子里称下堡。

从建立至今，堡子里已有近600年历史。依托边境贸易，这里的商业贸易日益发达，鼎盛时期，城内的票号、商号有1600多家，今天这里仍存有明清时期的古建筑、古院落700余处，所以这里是张家口市区的原点和"根"。

游走在堡子里的街道上，随处可见明清时期的院落，我们重点游览的玉皇阁、文昌阁、钟鼓楼、伦才书院、定将军府等都保存得较好，是观察明清时期北方建筑的样本。

暖泉古镇

暖泉古镇位于蔚县西部，因此地有四季水温如一的泉水而得名。暖泉镇始建于元代，明清时发展成三堡六巷十八庄，是居住与军事意义并重的设置。所谓"三堡"，是指北官堡、西古堡、中小堡。其中的西古堡俗称"寨堡"，建于明嘉靖年间，明末清初续建，集民宅、寺院、城堡、戏楼为一体，至今保存基本完好，是古蔚州八百庄堡中最具代表性的城堡。

西古堡的堡墙每边长230余米，高约8米，黄土夯筑，墙外有马面，始建时仅有南门，清顺治时才开北门，门外都建有瓮城。堡内平面呈"国"字形，南北一条大街，东西各三条小街。堡墙内周围有"更道"一周，乃是便于打更人巡夜防卫之用。

堡内的民居有180余座，大多为砖木结构、门楼高大、雕花绘彩、瓦顶起脊的四合院。南门的瓮城内有马王庙、三义殿、观音殿、钟鼓楼、戏楼等，显然是公共活动空间，其中的戏楼为卷棚顶，两侧有耳房，很有特色。

游走在张家口的各个古城堡，一个很突出的印象，就是这些城堡的军事防卫色彩都很浓厚，我们可以想象，在那些烽火不绝的年代，一个普通百姓会怎样提心吊胆。而有一个强大的祖国做后盾，安心生活，又是多么幸福！

暖泉古镇的北门与寨墙

各具特色的张家口古建筑

在北京待的时间长了，经常见到的，是故宫、鼓楼、雍和宫、历代帝王庙这样的建筑，皇家规格的高大、富丽、堂皇，使我们很容易形成关于古代建筑的固定印象；而普通人每天忙于日常的琐碎，又缺少相关的知识，对于丰富多彩的中国古代建筑，便缺少一种理解的欣赏。笔者到张家口访古，见到了各式各样的古代建筑，既有官式的，也有宗教的，还有民居，都保存得比较好，可以说是上了一堂古代建筑的大课。在此就选几个有代表性的建筑说一说，供大家尝鼎一脔吧。

有"内容"的古塔：南安寺塔

此塔位于蔚县城南门内西侧，始建于北魏时期，辽代重修。所附的南安寺于明洪武初年被蔚州指挥使周房拆除，现在的南安寺是清康熙时期重修的。

南安寺塔由塔基、塔座、塔身和塔刹组成。塔基为石条垒砌成的须弥座。塔座为砖砌，八角形，每面雕兽头或"福""禄"篆字。檐上雕三周仰莲瓣，塔身即坐于仰莲瓣中。塔身第一层较高，上部的斗拱托起共十三层逐层内收的密檐塔身。塔顶砖雕仰覆莲，以承托塔刹。塔刹为铁铸，由覆钵、相轮、宝珠、宝盖等组成。

南安寺塔造型精美、典雅庄重。全塔为砖仿木结构，斗拱、棂窗、阑额、云头等构件雕刻逼真。塔的外形轮廓呈缓和的卷刹形状，每层四个正面都镶嵌铜镜一面，在阳光照耀下，金光闪闪，十分之美！

2011年，此塔的地宫被文物盗窃者瞄上。他们从古塔附近的民房打地道进入地宫，窃出其中的文物后逃之夭夭。幸运的是，数月后盗窃分子被抓获，地宫中的132件文物被悉数追回。这批文物现在都收藏在蔚州博物馆，其中的金座银佛、金银舍利塔、屋形千佛龛等都是绝世的艺术珍宝。

古城宣化的名片：宣化三楼

宣化三楼，为宣化古城中轴线上的三座明代城楼，由南到北依次为拱极楼、镇朔楼、清远楼。拱极楼建于永乐年间，属于城门楼，古朴厚重。镇朔楼建于正统五年（1440），高大宏伟。其上的"神京屏翰"大匾是乾隆皇帝亲笔书写的。清远楼始建于成化十八年（1482），四年后建成，造型精巧。

我们重点介绍清远楼。此楼建在高8米的十字券洞之上，通高25米，重檐多脊多角十字歇山顶，面阔五间，进深三间，两层三檐。据统计，此楼有24个角、73条脊、234个吻兽、228组斗拱，用"勾心斗角"来形容它是很恰当的。

清远楼内悬有明嘉靖十八年（1539）铸造的"宣府镇城钟"。钟通高2.5米，口径1.7米，重约万斤，用四根通天柱架于楼体上部中央。其声音悠扬洪亮，可远传40余里，所以此楼又称钟楼。

清远楼的楼体四面皆出抱厦，周围有游廊，梁架斗拱精巧

宣化清远楼

秀丽，檐角飞翅上翘有如鸟翼，所以又被称为第二个黄鹤楼。顶檐下悬挂的匾额都是清代人书写的，南为"清远楼"，北为"声通天籁"，东为"耸峙严疆"，西为"震靖边氛"。清代北方已经比较安定，所以楼匾用语也比较和缓。

参观这几处城楼时，听工作人员介绍，"文革"初起时，红卫兵小将"破四旧"，要砸掉这些匾额，尤其是镇朔楼上乾隆皇帝书写的那块，但爬上去一看，牌匾十分牢固，无法砸烂，只好作罢，所以这些匾额都完好地保存下来了。

供神防卫两不误：玉皇阁

顾名思义，玉皇阁就是供奉玉皇大帝的神庙。我们此次在张家口地区考察的玉皇阁有两处，一处在蔚县的蔚州古城，另一处在张家口市内堡子里。

蔚县的玉皇阁又称靖边楼，坐落在蔚州城正北的城墙之上，建于明洪武十年（1377）。此楼坐北朝南，分上下两院，由南向北依次为天王殿、小门、大殿。玉皇阁大殿面宽五间，进深三间，为三重檐歇山琉璃瓦顶。整个建筑为木架，油饰彩绘基本是"和玺""苏式"图样。大殿外观三层，实为两层，在第二层楼阁的中间向四外突出一檐，下设围廊一周，游人登游廊四顾，山川阡陌可尽收眼底。

堡子里的玉皇阁也建在北城墙上，始建于明万历九年（1581），是一座高台式建筑。高台院内正中为玉皇阁，正殿三间，殿前有柱廊，院内东南和西南角分别为钟楼和鼓楼。此玉皇阁虽处于高台之上，内部却四方连通，精雕细刻，飞檐翘角，通体有如展翅欲飞的雄鹰，体现了很高的建筑意境。

混搭风的建筑：文昌阁

文昌阁也位于张家口市内的堡子里，始建于明万历四十六年（1618），是堡内的标志性建筑。文昌阁与北面的玉皇阁遥遥相对，既供奉文昌帝君，又有钟楼和鼓楼的功能。

蔚州玉皇阁

堡子里的玉皇阁

这座建筑的设计极有特色。今存的文昌阁高7.5米，单檐歇山顶，面阔三间，进深两间。楼顶有九脊吻兽，飞檐翼角和斗拱翘昂都很精美。文昌阁下面是"四门洞"，东西南北四条街道在此交汇。四门洞上方外部分别有"文昌阁""钟楼""鼓楼""山楼"的石刻牌匾，四门洞内部穹顶上方中央的石板上刻有"中央戊己"四字，代表这里是堡子里的中心点。文昌阁的建筑设计融合了佛、道和西方文化的特色，比如四门洞内部的券顶是覆莲与天干地支的组合，而四个门洞组合处的帆拱又带有浓厚的拜占庭风格，充分体现了当时张家口地区多元文化和谐相处的局面。

值得注意的是，堡子里属于堡城，与宣化的镇城相比，等级更低，所以这里的文昌阁同宣化的清远楼相比要低矮得多，这里的玉皇阁规格也及不上蔚州古城的玉皇阁。其独特的建筑手法，为我们了解明代的民间建筑提供了很好的实例。

真武庙：镇压北方之神的祠庙

真武庙位于蔚县的蔚州古城内，始建年月不详，现存的为明清重修。真武庙供奉的真武大帝，道教的全称为镇天真武灵应佑圣帝君，是统御北方之地的神灵。明代前后，北方是主要威胁，所以蔚州八百庄堡在北堡墙的最高处都建有真武庙，希望由这位大神镇压北方，其中规模最大的，是蔚州古城的真武庙。

真武庙建于有50多级台阶的高台之上，平面布局呈四合院式，包括前殿、东西配殿和主殿。主殿位于院内正北，面宽三间，进深三间，单檐歇山绿琉璃瓦顶。主殿月台下有钟鼓楼，这种布局在现存古建筑中少见。但鼓楼已不存，钟楼为单檐歇山顶，檐下施斗拱、柱子、阑额及普柏枋，保留有金、元建筑风格，造型很像古画中的阁楼，颇具匠心。

太监建起来的寺庙：灵岩寺

位于蔚县城内鼓楼西街的灵岩寺，始建于金代，毁于元末，明正统六年（1441）重建。明英宗宠信的太监王振是蔚州人，此庙是他请英宗皇帝在蔚州建的，按照官式建筑规格建造，规模宏大，但今天仅存天王殿、大雄宝殿和几座配殿。

大雄宝殿面宽五间，进深四间，单檐庑殿瓦顶。殿内置天花和斗八、斗四藻井，两排金柱八根，径0.6米，是蔚县寺庙等级最高的建筑。建筑虽是明代的，但其庑殿顶有唐辽之风，很有气势。天王殿亦为单檐歇山瓦顶，面宽进深各三间，斗拱用材较大，布局疏朗，做工精细，保留了较多的早期大木建筑特征。

除了以上介绍的古建筑之外，张家口地区的古代民居也很有特色，尤其是堡子里和西古堡的民居，前者临街的商业院落设置、后者的武备色彩都很有特点，如果时间充裕，一一揣摩，会悟出很多历史文化意蕴。

被蔚县壁画惊艳

壁画，顾名思义，就是画在墙面上的画。壁画的出现可谓早矣！在欧洲，法国拉斯科洞穴和西班牙阿尔塔米拉洞穴的壁画已经是上万年之前的作品。在中国，史载汉武帝画诸神像于甘泉宫、汉宣帝在麒麟阁画功臣之像，都属于壁画。魏晋以后，佛道之教盛行，寺院道观多有壁画，尤其是各地北朝以后的石窟，保存了不少精美的壁画。明清以后，由于卷轴画的盛行，壁画才渐渐衰落。

笔者无绘画之才，也不是研究壁画艺术的，但多年来行走各地，也看了不少壁画作品，尤其是到川西和西藏看过藏传佛教的壁画，更曾专门到山西芮城永乐宫看道教的壁画，觉得见过不少，没想到这次在张家口地区的古城、古建筑之中游走时，着实被蔚县寺庙内的壁画惊艳了一把。

蔚县寺庙壁画时代最早的，是南安寺塔地宫的辽代壁画。由于我们此次未能进入地宫观看，所以具体的情况不得而知。据资料介绍，地宫东壁画菩提树图，南壁画戴冠仙人吊唁图，西壁画仙人炼丹图，北壁画佛塔图。由此可知，其主题和风格应是辽代壁画所共有的。我们此次看到的壁画都是明清时期的。这一时期，蔚县寺庙壁画量大品精，十分精彩，我只拣重点介绍。

玉皇阁壁画：威严与动感

蔚州古城北城垣上建于明代的玉皇阁，高峻壮观，气度不凡。其玉皇神殿内东、西、北三面墙壁都绘有大型壁画。北壁在中间的玉皇大帝塑像两旁，分别绘西王母和五岳大帝，加上其各自的属官、侍者，共有41个人物。东、西墙壁绘"三十六雷公"，两壁各有18位雷公。每个雷公都手持法器，腰间悬挂腰牌，腰牌上写着"行雨雷公庞天君""火轮雷公李天君"等，表明其角色身份。绘画沥粉贴金，场面宏大，线条流畅，设色艳丽。西王母和五岳大帝面相威严，雷公群像面相各异、动感十足，属官、侍者则是态度谦恭、面容秀丽。

玉皇阁西壁壁画：三十六雷公图（局部）

时间已经过去六百余年，今天看起来这些神像仍是栩栩如生。

真武庙壁画：仙气飘飘朝真武

蔚州古城现存的真武庙属于明代早期建筑，其中的主殿北极宫有前抱厦。抱厦为歇山卷棚绿琉璃瓦顶，抱厦内东、西两壁上皆绘道教题材壁画，壁画内容为"星君捧笏朝拜图"。画上

真武庙西壁壁画（局部）

的人物均高1.5米左右，东西各画七位星君，手持笏板，神态各异。星君有老有少，老者长髯飘逸，青年英俊潇洒，很有仙风道骨之气。星君均表现为面朝主神真武大帝而行，其前面各有引导人物：东壁为金童、西壁为玉女，各手持宝幡为前导，回首引领一位尊者，尊者后为侍童。尊者手捧笏板，向北朝拜真武大帝。金童玉女手中各捧一盘，金童盘内为一轮红日，日中立一只公鸡；玉女盘内为一轮黄月，月中卧一只白兔。壁画中的人物衣着设色各异，神态自然，细腻传神，是道教壁画的上乘之作。

关帝庙壁画：市井生活连环画

　　关帝庙位于蔚县西合营镇夏源村，建于清代。其东西配殿内保存有完整的百工图壁画，对研究清代民间世俗生活有很高

关帝庙东配殿北墙壁画第一行第三幅：书籍斋　关帝庙西配殿北墙壁画第二行第四幅：游巷贸易

的史料价值。

　　壁画分四行四列，绘制于东、西配殿的南北山墙上，每面墙绘制16幅，共64幅，幅间以墨线相隔。每幅内容不同，均有毛笔题名，东配殿北墙和西配殿南墙题名在画的右上角，东配殿南墙和西配殿北墙题名在画的左上角。题名或三字，如豆腐房、剃头房、饧糖房、饼面铺、弓箭铺、铸铁铺、切烟铺、毡帽铺、粟粮店、漏粉局、裱糊局、估衣局、成衣局、首饰楼、砖瓦窑、黄纸坊、书籍斋、读书林等；或四字，如烟火炮铺、杂货俱全、描画丹青、游巷贸易、完童耍货、改换缨帽、精选木料、修造风匣等。图中人物有手艺人、商人，有农夫，亦有算命先生，他们的工作、生活的场景，都被直观地表现了出来。百工图中的人物形象生动，体现了当时市井生活的丰富多彩。观看这些壁画，宛如在清朝的村镇街巷走了一趟，实在太有趣了！

故城寺壁画：宏大精美引人叹

故城寺位于蔚县宋家庄镇大固城村东北，建于明正德年间，现仅存释迦殿和三间禅房。寺院正在修缮中，未向公众开放，拜蔚县文物局关照，笔者一行得以进入该寺，从而得见其中丰富而精美的壁画遗存。

这座释迦殿可以说是一座壁画宝库，尤其是其四壁墙面上保存完好的明代水陆壁画更属一绝。这堂壁画共有114个画幅，绘有539位人物，具体分为上堂和下堂，上堂为佛、菩萨、明王、护法天神等佛教上层，下堂绘儒、释、道三教人物。壁画从北壁开始，向东、西、南壁依次展开，绘制出十大明王、诸天梵王、日月星宿、五岳大帝、四海龙王、道教祖师、天曹地府、各司判官、帝王将相各色人等。东西两壁壁画中的三教人物，不管是捧笏朝拜，还是行进方向，都是面向北方、朝拜佛祖，体现了以佛为尊的意旨；而将儒、释、道三教人物融汇于一堂壁画之上，又体现了三教合一的愿望。

故城寺的壁画，画工精美，内容题材丰富，画幅人物众多，且保存得相当完好，在全国都属凤毛麟角，所以是异常珍贵的。另外壁画上的每个画幅都有榜题及供养人，是研究中国绘画艺术、宗教思想演变、明代社会生活不可多得的实物资料。

看到了这些精美的壁画，本已觉得收获满满，在离开蔚县时，又获蔚县文物局李新威局长赠送《蔚州寺庙壁画》一书，书中收录了蔚县壁画最精华的部分，使笔者得以见到上苏庄观

故城寺东壁壁画

故城寺西壁壁画

40

音殿、苏邵堡关帝庙、沙子坡老君观等寺庙的珍贵壁画作品，从而可以粗略地对蔚县壁画说一点观后感。

概括地说，首先，蔚县壁画内容丰富，题材广泛。这里既有佛、道、儒三教的诸神，也有表现社会风俗和古代人物的画面，可谓多姿多彩。其次，蔚县壁画技巧精湛，色彩艳丽。时间过去五六百年，壁画上的各色人物的表情、衣物的褶皱和飘带都艳丽如初，今天看起来仍是形神兼备。再次，蔚县壁画劝人向善，形象可亲。壁画中的人物大多慈眉善目，形体动作和缓流畅，没有如某些寺庙壁画那样恶形恶相，令人恐惧。最后，蔚县壁画保存得较好，又有很好的维护和挖掘整理。这些六七百年前的壁画作品，经历了战争、动乱，各种天灾人祸，能有这么好的状态真是不易！所以要感谢当地的民众和文物保护部门。以后如有机会，还应来此再细细观赏。

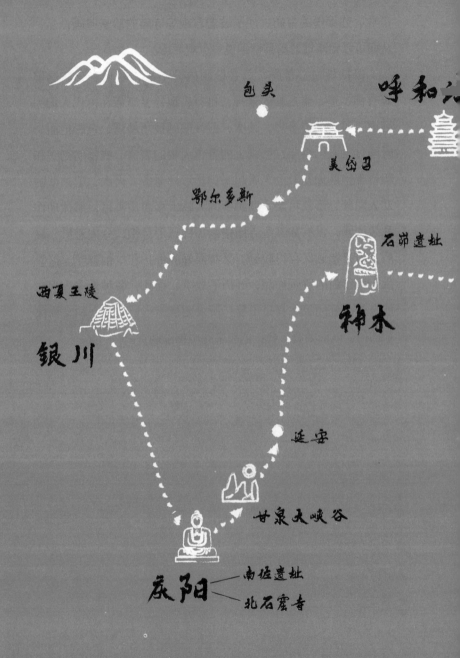

包头

呼和浩

美岱召

鄂尔多斯

石峁遗址

西夏王陵

神木

银川

延安

甘泉大峡谷

庆阳 —— 南佐遗址
     —— 北石窟寺

车行华北西北边

访古蒙陕甘宁之边

昭君墓
绥远古城
白塔

张家口

忻州古城

忻州

保定

北京

2023年7月10日，我开始了计划多时的自驾华北西北之边行。因为有苏秉琦先生张家口"三岔口"的指引，所以我计划依"三岔口"向北的两个方向，开始以后的访古之行。我构思第一步的线路是，由北京出发，走西北线，由呼和浩特市经鄂尔多斯到银川，然后向南到庆阳，之后转而向北，经陕北、晋北，由忻州回京。之所以向南延续到银川和庆阳，是因为那里有西夏王陵和庆阳石窟寺，而归途上的石峁遗址，无疑是这次访古之行的重点。

这一路，既是传统的中原地带的边缘地区，又是历史上北方、西北边疆民族的活跃区，具有多样的文化面貌。从地理环境上说，这一路上，既有草原，又有毛乌素沙漠，还会跨越阴山、贺兰山、吕梁山、太行山，我会有什么发现和认识呢？

青城寻古

呼和浩特是我的华北边地之行的第一站。实际上，我在40年前就到过呼和浩特。当时为了《中国大百科全书·考古学》的条目写作，我来呼市拜访自治区考古所的李逸友、汪宇平先生。不过那时我还是个刚出大学校门的穷学生，不懂得何谓"旅行"，况且囊中羞涩，又赶上是冬天的雪后，所以看呼和浩特几乎是一片白，什么历史文化风景都一无所见。而今40年过去，自然不同往昔。

青城何来：呼和浩特城市史

由北京出发，经张家口一路向西，过兴和、乌兰察布、卓资，就是美丽的"青城"呼和浩特了。呼和浩特位于大青山南侧，南临黄河。

呼市的历史开始得很早。战国时代，赵武灵王向北扩张，公元前300年"攘地北至燕代，西至云中、九原"，"置云中、雁门、代郡"，云中郡就位于呼和浩特市南面的托克托县。秦汉时期，云中是北方重镇，但东汉以后渐衰，曹魏之时废弃。北魏时期将敕勒族安置在阴山前的平原放牧，故此地得名敕勒川。隋唐之时，此地属于丰州，其郡治在五原县的东土城。920年，辽国占领丰州，东迁其吏民至阴山南（今呼和浩特机场一带），建立新的丰州，此后金、元沿用，逐渐繁盛。

元朝灭亡后，又经过200余年，阿勒坦汗（即俺答汗）成为漠南蒙古各部最大的势力，在与明朝争斗多年后，与明朝和解，被明廷封为"顺义王"。在明朝的援助下，他用时4年，于1575年在大青山南、黄河岸边，建起一座城市。因城墙是用青砖筑成，因此得名"库库合屯"。"库库合屯"的蒙古语发音，其实同今天的呼和浩特是一样的，意思是"青色的城市"。此城建成后，明朝的万历皇帝赐名 "归化"。

满清定都北京后，以归化城是 "京畿之锁钥"，在此驻军防守。但因其 "城小濠狭"，乾隆帝于1737年开始在归化城东北2.5公里处另建军屯城。1739年建成后，清 "绥远将军" 移驻此城，城市被命名为绥远城。民国时期，绥远先后是绥远特别区和绥远省的省会。新中国成立后，城市名称恢复为呼和浩特市，成为内蒙古自治区的首府。

世事沧桑，归化城早已不存，当年的寺庙都经过了几次改建，已不复当时模样。绥远古城亦因为近几十年的大规模城市改建而面貌全非。当年的城墙仅保留下670米长的一段。

尽管明清时期的遗迹留存已经不多，但机缘巧合，我此行得以踏访几处与呼市早期历史相关的古迹，很值得与大家分享。

访问 "青冢" 话昭君

到了呼和浩特，当然要到昭君墓一观。昭君墓又名 "青冢"，位于呼市南郊9公里、大黑河南岸，是史籍记载和民间传说中汉朝和亲宫女王昭君的墓地。

眼前的青冢，状如覆斗，高达33米，底面积13000平方米，墓顶有六角攒尖凉亭。墓冢周围有规模宏大的陵园，墓前是呼韩邪单于和王昭君并马而行的大型铜铸塑像，塑像前为相对的两排石像生，石像生前有王昭君的塑像。当然这些都是当代的作品。

关于昭君和亲，《汉书·匈奴传》记载："单于自言婿汉氏以自亲。元帝以后宫良家子王嫱字昭君赐单于。"这个单于就是叛出匈奴、投奔汉朝的呼韩邪单于。王昭君到匈奴后，被封为"宁胡阏氏"，死后被葬埋在匈奴地域。昭君出塞的故事后来被人做了太多的渲染和加工，历代文人据此创作出无数诗歌，比如大诗人杜甫就有"群山万壑赴荆门，生长明妃尚有村。一去紫台连朔漠，独留青冢向黄昏。画图省识春风面，环佩空归夜月魂。千载琵琶作胡语，分明怨恨曲中论"的诗作。

其实，被称作昭君墓的，不仅在内蒙古地区有十几处，山西、河南也都有据称是王昭君的墓葬或衣冠冢。呼和浩特的这座昭君墓也未经考古发掘证实，有人甚至认为这个墓冢其实是汉代的烽火台。

青冢之名最早见于李白、杜甫等人的诗中，后来唐代杜佑记入《通典》。似乎可以这样想象：这里的地理位置最接近当时和亲时匈奴的居处，靠近唐朝的丰州，又有名人的诗句为证，所以就被认定是王昭君的墓，并陆续建起成规模的墓园。据记载，到明清时，墓园已经有琉璃瓦建筑，墓前有石虎、石马等，墓顶已经有了小亭，而今天的昭君墓，则是近几十年精心建设的成果了。

尽管如此，这样一个历史遗迹，作为历史上汉匈友好时期的象征，来此观光一次也是值得的。

踏访北魏皇家祭天遗址

说起北京的天坛，几乎是世人皆知了，然而很多人可能不知道，在呼和浩特，近年又发现了一处我国最北的祭天遗址，这就是距今约1500年的北魏时期的皇家祭天遗址。

北魏皇家祭天遗址全景图（丹达尔供图）

遗址位于呼市北面的大青山蜈蚣坝坝顶，行政归属武川县大青山乡坝顶村。经过持续三年的考古发掘，揭露面积2000余平方米，确定遗址自内而外由坛、内壕、内壝、外壝、外壕五部分组成，总体直径近百米。中部的圆坛为平台式圆形坛体，坛体外围环绕登坛台阶，坛的底部直径34.5米、顶部直径23.5米，残高2.9～4.4米。内壝和外壝在内外壕之间，是皇帝祭天时陪祭文武官员站立的平台。内壕底部出土有马和羊的骨骼。发掘者认为，这一遗址融合了汉魏以来的明堂、辟雍、灵台等礼制建筑的特征，具有明显的祭祀功能，结合历史记载，断定其为北魏孝文帝迁都洛阳之前，每年七八月"行幸阴山，观云川"，举行祭天活动的场所。

这个遗址的发现也很有意思。参加发掘的内蒙古自治区文物考古研究院的研究员丹达尔告诉我说，这个遗址没被发现前，就是山顶上的一个圆形的大土包，因为靠近汉长城，起初怀疑是烽火台遗址，后来在调查中采集到北魏时期的瓦片，发现北魏皇帝行宫的基址，所以怀疑其是北魏的烽燧遗址；对其进行详细调查后，又推断可能是北魏的礼制建筑遗址。这一推断被后来的正式发掘所证实。

中国的皇家祭天遗存，之前发现的有位于陕西凤翔的秦汉时期的雍山血池遗址、陕西西安的隋唐圜丘，后来则有北京的明清天坛。此地的北魏皇家祭天遗址的发现，填补了南北朝时期祭天遗存的空白。从这个遗址可以看出，北魏王朝的创建者拓跋鲜卑作为来自大兴安岭的游牧民族，在南迁过程中不断学习中原文化，统一北方后，更是传承了中原王朝传统的祭天礼仪，颇为难能可贵。

万部华严经塔——呼市的白塔

辽代在呼市地方置丰州，并在丰州城的西北部建大明寺，寺中存放着大量经卷。为保存这些经卷，修筑了一座塔，这就是万部华严经塔。后来辽国被金人所灭，丰州城渐被夷为平地，但这座塔却被保存下来。到呼市访古，这座塔是必须瞻仰的。

万部华严经塔位于呼和浩特市东郊8公里的白塔村，蒙古语称"查干·索布尔嘎"，因外表呈白色，俗称"白塔"。塔高55.6米，基座周长56米，为砖木混合结构的八角七级楼阁式塔，其南面第一级塔门的门楣上，篆刻有"万部华严经塔"方额。塔体分为基座、塔身、塔刹三部分。塔基三层，为须弥座、栏眉、莲花台，三层逐层外延的仰莲瓣别有特色。塔身七级，内为空心，有梯道上下；塔身门窗，凡单数层的正南北开券砖拱门、正东西砌出磨砖直棂假门，双数层则相反，上下错落，颇具匠心。塔檐为叠涩出檐式，逐层回收；每层均在八面檐下嵌有铜镜，每层转角的第七层檐下系挂风铃，极富风韵。塔身第一、二层门窗两侧外壁嵌砖浮雕，题材为菩萨、天王、力士、花鸟、蟠龙等，雕刻技艺精湛。塔刹自下而上用刹杆将覆钵、相轮、宝珠、宝盖、宝瓶串起，是现代修复而成的。

白塔建成后，不仅是善男信女的崇拜对象，也是各族人士登临观景的场所，塔上有大量的题诗、题记，文种包括汉文、蒙古文、藏文、契丹文、西夏文、女真文、八思巴文，甚至还有叙利亚文和波斯文。元代时，马可波罗、丘处机、耶律楚材和刘秉忠都曾来到此地，并留下诗文。

前述的几处古迹，都与历史上的北方民族有关。这不是赶巧。战国时期以后，呼市的周边地区活动的主体都是北方民族，先是匈奴，之后是鲜卑，再是契丹、女真，然后是蒙古，最后是满族。这些民族由北方南下，在攻城掠地的同时，又向中原汉族学习，实现民族融合。这一特色在前述的几处古迹中也表现得十分明显。

邂逅美岱召

由呼和浩特驱车往西，在通往鄂尔多斯的高速公路上，去往美岱召的路标跃入我的视线。美岱召是喇嘛教传入明代蒙古的一个重要的弘法中心，又是阿勒坦汗和三娘子的"皇城"。此时既然我走到附近了，就不能错过，应该去探访一下，于是我冲下高速公路，到美岱召瞻仰了一回。

草原双雄：阿勒坦汗和三娘子

讲述明代蒙古民族的历史，阿勒坦汗和三娘子是绕不过去的人物。阿勒坦汗是成吉思汗黄金家族后裔达延汗的孙子，姓孛尔只斤氏，明代后期蒙古土默特部首领。他生于1507年，青年时期成为蒙古右翼土默特万户，率部进入水草丰美的丰州川，丰州川也因此被称为土默川。1542年，他的哥哥去世，他成为蒙古右翼三万户的首领。他明白，要发展蒙古民族，就要同明朝加强商业往来。所以他独掌大权后，便开始以和平和战争两种手段，要求明朝开放互市。

三娘子本姓奇喇古特，名钟金，是卫拉特蒙古奇喇古特部落首领哲恒阿哈之女。她生于1550年，九岁时嫁给阿勒坦汗，封号钟金哈屯。三娘子聪明勇敢，善于骑射，多次随阿勒坦汗征战四方。

1571年，阿勒坦汗与明廷达成合作，受封"顺义王"，双方开放茶马互市，使得蒙古经济迅速发展，故决定在土默川建设新的城市，即库库合屯（呼和浩特）。阿勒坦汗又重修蒙藏关系，接受藏传佛教入蒙传教。1582年，阿勒坦汗去世，三娘子按照蒙古旧俗，先后嫁给其长子、长孙、长重孙。其间她掌握军政大权，尽力维护蒙汉两族的和睦相处，为民族团结和蒙古民族的发展作出了极大贡献，以此三娘子受明廷封为"忠顺夫人"。

这里要介绍的美岱召，就始建于蒙古与明朝恢复互市的隆庆年间（1567—1572），1575年建成，初名为灵觉寺，后来又改名为寿灵寺，明廷赐名为福化城。1606年，西藏高僧迈达里胡图克图来此传教，故又称迈达里庙、美岱召。迈达里、美岱在蒙古语中，都是"弥勒"的意思。

"召"，一般被解释为蒙古语"寺庙"的意思，但其实它不是蒙古语，而是藏语。藏语中，"召"的本意是兄长，引申为尊者，故寺院中的佛像就被吐蕃人称作"召"。当年吐蕃首领松赞干布迎娶两位外族女子，一位是文成公主，一位是尼泊尔的尺尊公主，她们嫁到吐蕃时，陪嫁物都有佛像，一个是大召，一个是小召，所以供奉大召的就是大召寺，供奉小召的就是小召寺。藏传佛教于16世纪传到鄂尔多斯和土默特地区后，大概出于翻译的原因，便把供奉"召"（佛像）的地方也叫作召。

美岱召：城寺合一，人佛共居

我来到美岱召之时，正是夏日，小雨纷纷，召后的阴山云雾蒸腾，美岱召的建筑经雨水洗刷，格外秀美。

美岱召依山傍水，是阿勒坦汗的"都城""皇城"，又是喇嘛教的早期弘法中心，其建筑特色是军政并重、城寺结合、人佛共居。召庙的建设持续了很长时间，主体仿中原汉式又融合蒙藏风格。其平面略呈正方形，四周有高而厚的城墙。墙以夯土筑成，外表包石，俗称"虎皮墙"，高约5米，周长681米，厚重结实，可抵御炮石和骑兵的冲击。城墙顶部宽2～2.5米，建有垛口，四角建有角楼，南墙正中开城门。

城门即泰和门，建于公元1606年，门上嵌有明代扩建时的石匾额，上题"泰和门"。城门顶部建有歇山式顶二楼三檐城楼，高约20米，宽10米。门上的匾额为长0.88米、宽0.51米的长方形，匾上刻汉藏两种文字，汉字为"皇图巩固，帝道咸宁，万民乐业，四海澄清"，落款为"大明金国"；汉文上方是藏文，内容为藏经六字真言"唵、嘛、呢、叭、咪、吽"和"圣识一切第三世达赖喇嘛"。城门内侧筑有马道，人马由此登上城墙。

美岱召内部的主要建筑均坐北面南，有佛殿、琉璃殿、太后庙、达赖庙、老君庙、佛爷府等。

佛殿由前殿、经堂和大雄宝殿组成，建成于1606年四世达赖喇嘛在蒙古地区的代理人迈达里活佛来蒙古传教之时，属于藏汉结合的喇嘛庙布局。三殿殿顶均为歇山式琉璃瓦顶。前殿面阔三间，前殿和经堂的围墙是白色藏式砖墙。大雄宝殿面阔22米，进深47米，高17.5米，内供奉高4米的纯银佛像，墙上有色彩斑斓的壁画。

大雄宝殿以北是琉璃殿，为汉式的宫殿式三层高楼。这是美岱召最早的建筑，约建成于1575年，面宽15米，进深9.5米，高约12.5米。此殿是当年阿勒坦汗的"议事大堂"，建在正方形的高台上，四面有围廊，绿色琉璃瓦顶。据说这里也是阿勒坦汗接受蒙古各部朝拜的地方。琉璃殿的石阶之下有左右配殿，俗称两廊庙。

　　琉璃殿西侧有八角庙和佛爷府。八角庙俗称老君庙，为双檐八角亭式，属汉族风格，现为护法神殿，内部供奉大威德金刚尊神；佛爷府又名活佛府，为民居式的二层楼建筑，为历代迈达里活佛的转世来美岱召的临时住所，现为五明王护法神殿。佛爷府之南为乃琼殿，属于藏式建筑，是迈达里活佛居住过的地方，屋顶有法轮、双卧，金光四射。这些建筑都是比较晚才建成的。

　　太后庙，又称三娘子庙。位于大雄宝殿东北，是带围廊柱的灵堂建筑，重檐歇山顶，室内面阔三间，四壁无窗，据说是三娘子的灵堂。殿内有三娘子的覆钵式檀香木骨灰塔。太后庙之北、城墙内东北角有一独立小院，是为达赖庙。主房为二层硬山式小楼，传说达赖三世曾在此居住。

　　此外，在美岱召后面的阴山半腰，有一处险峻的山峰，上面建有一座醒目的白塔。山峰名为宝峰山，白塔里据说存放着阿勒坦汗的骨灰。阿勒坦汗去世后先是土葬，后来三世达赖喇嘛来内蒙古草原讲经时，起出他的尸骨，改行火葬，并在宝峰山上建塔，存放骨灰。

美岱召的精美壁画

美岱召的壁画是内蒙古地区寺院中绘制最早、保存最好、内容最丰富的壁画群。召内保存完整的明代壁画多达1650平方米，享有壁画博物馆的美誉，这些壁画对研究明代蒙古史、佛教史、建筑美术史都具有重要的学术价值。

大雄宝殿内四壁都绘满壁画。北壁正中绘释迦牟尼像，背景表现释迦牟尼佛传故事，造型准确。东壁绘有黄教创始人宗喀巴大师成道故事画，下部是马哈嘎拉和巧尔吉金刚等喇嘛教

太后庙内部的壁画和骨灰塔

太后庙壁画中的三娘子形象

的护法神。西壁绘蒙古贵族拜佛的场面，保存完好，有很高的艺术价值。其中西壁下方的一组蒙古供养人群像，身穿蒙古族服饰，手持念珠等宗教器物，表情谦恭。北侧的一位坐在木几上的老夫人，头戴皮帽、身穿皮领对襟袍服，体态丰满，神情端庄，刻画得十分到位。

除此之外，琉璃殿和太后庙内部也绘有壁画。太后庙壁画的蒙古服饰的人物画中，有传为阿勒坦汗及其夫人三娘子的画像，是内蒙古召庙建筑中独有的一处。

美岱召的意义

美岱召是阿勒坦汗在内蒙古地区最早建设的"皇城"，由阿勒坦汗兴建、三娘子扩建，是土默川上的第一座城寺，可以说是先有美岱召，后有库库合屯（呼和浩特）。

还不仅于此，美岱召是藏传佛教传入蒙古草原的重要弘法中心。1571年前后，阿勒坦汗皈依藏传佛教。三世达赖喇嘛应阿勒坦汗的邀请，来蒙古地区传教弘法，曾在美岱召居住。后三世达赖在蒙古地区圆寂，转世的四世达赖就是阿勒坦汗的重孙云丹嘉措。云丹嘉措的童年就是在美岱召度过的，他成为四世达赖、赴藏地就职后，专门委派迈达里活佛从西藏来蒙古地区传教。也就在此时，美岱召正式成为佛寺，奠定了其蒙古地区喇嘛教弘法中心的地位。在这个意义上说，美岱召的地位是独一无二的。

在鄂尔多斯近观"鄂尔多斯青铜器"

从呼和浩特往银川，鄂尔多斯是必经之地。鄂尔多斯是内蒙古自治区下辖的地级市，位于内蒙古自治区西南部、鄂尔多斯高原腹地。近一二十年来，鄂尔多斯以其人均收入国内最高、城市建设变化最快等经常成为话题，但其实，这个地方在历史上也是很有名的。

战国以前，鄂尔多斯大体上先后为猃狁、义渠、林胡、楼烦等民族所居，战国时期，赵国在此设云中、九原等郡。直到东汉时期，这里才为匈奴等民族所占据。"鄂尔多斯"，蒙古语意为"众多的宫殿"。不过，这里的"宫殿"，不是高大的楼阁，而是指成吉思汗的八座白色毡帐，因为成吉思汗的陵墓就在这个地区。

我最早知道鄂尔多斯，其实不是地理意义上的名称，而是同考古相关，指的是一组独特的器物，这就是"鄂尔多斯青铜器"。当时翻阅日本学者江上波夫、水野清一的《内蒙古·长城地带》一书，开始认识这类东西，此次有机会来鄂尔多斯，当然要好好看一看。

何谓"鄂尔多斯青铜器"？

所谓"鄂尔多斯青铜器"，指的是这样一批古代文物：器物类别上，是武器、工具、装饰品、车马器等的组合，具体而言，有青铜短剑、青铜刀、战斧、带扣、牌饰、耳环、马具、铜盔、铜镈等；装饰风格上，以各类动物雕饰、动物纹、几何纹为主，写实性强；质地上，以青铜器为主，也有金、银制品。

鄂尔多斯青铜器——带动物纹装饰的青铜刀

从19世纪末叶开始,随着各国来华"探险家"的增多,这类有浓郁草原游牧文化风格的器物在我国北方长城沿线地带陆续被发现,其中在鄂尔多斯地区发现数量最多、分布最集中、特征最明显,时代也最早,所以早期的研究者就将它们命名为"鄂尔多斯青铜器",还有人以此地属当时的绥远,因而定名为"绥远青铜器",并认为它们是匈奴人的遗存。

新中国成立后,在东到辽东、西到甘肃的沿长城地带,相类的发现渐多,比之于以前的收集品,现在有不少有明确出土地点和共存器物的发现。2006年,鄂尔多斯市建立鄂尔多斯青铜器博物馆,集中收藏展出这一类文物。这个展陈不仅有助于人们认识其文化面貌,也可以使我们了解北方地区农业与游牧文明的交流与发展。

生动奔放的鄂尔多斯青铜器

还是让我们通过鄂尔多斯青铜器博物馆的陈列精品来认识鄂尔多斯青铜器的特点吧。

鄂尔多斯青铜器主要有这样几大类。

一是青铜短剑。各地发现的青铜短剑数量比较多。这些短剑剑身的变化不大,只是有的剑身剖面呈扁菱形,有的中间起柱脊。剑柄、剑格和剑首的变化则比较多样:有的剑柄弯曲;剑首有铃首、兽首、鸟首、瘤状首、触角式首、蕈首、环首等样式;剑格有 字形格、椭圆形格、翼状格等。一般认为,这类短剑的演变趋势是铃首和兽首最早,之后是瘤状首、触角式首、环首;

剑格的演变趋势是由一字形格演变为椭圆形格、翼状格。

二是铜刀。发现的铜刀数量很多，其发展演变主要也是在于柄部和首部的变化，变化的趋势与短剑类似。

三是鹤嘴斧和战斧。其造型，鹤嘴斧一般为一端呈圆锥形鹤嘴状，另一端呈斧状，刃扁圆；中部凸起，有椭圆或圆形的銎，以便安木柄。战斧则是一端扁宽，另一端有瘤状凸起，也有銎。斧身有棱线纹。

四是装饰品类。主要为头饰和项饰。前者的代表为阿鲁柴登出土的金冠饰，由冠顶、冠带、耳饰组成，制作相当精美。后者一般也主要为金银制品，如西沟畔出土的金项圈，用直径为0.6厘米的金条做成，长142厘米，重达502.5克，可在颈部绕两圈。

五是带饰。包括带扣与动物纹饰牌、带钩、铜环、釦饰、鸟形饰牌等，其中以动物纹饰牌和动物饰牌最为多见，也最为丰富多彩。这类饰牌是在腰间固定腰带用的，形状有椭圆形、长方形、动物形等。纹饰有的为浮雕，有的为透雕，有的为圆雕，具体纹样有的为静止的马、羊、骆驼，有的为互相撕咬的动物，还有的为人物活动。这些牌饰的造型十分流畅，富于动感，充分表现出草原民族的剽悍风格。

六是铜鍑。这是炊具，主要用于煮肉和煮饭。其形状大体为上粗下细的圆筒状，一般都有双耳，有的平底，有的有圈足。双耳的设计，主要是方便携带，适应草原游牧生活的需要。

早期的青铜短剑

阿鲁柴登出土的金冠饰

人头形杖头饰

鄂尔多斯青铜器中的战斧

动物饰牌和动物纹饰牌　　　　　　　　　　战国时期的铜鍑

　　七是杖头装饰。这类器物往往做成立体的动物形象，其中有的装在权杖的顶端，有的则是用于装饰马车的某些部位。

鄂尔多斯青铜器研究的新进展

　　鄂尔多斯青铜器这个概念的提出已经有一百多年了，随着考古发现的增多和研究的深入，对其的认识更加清楚，吉林大学杨建华教授等人的大作《欧亚草原东部的金属之路——丝绸之路与匈奴联盟的孕育过程》更是有很大篇幅都是讨论此类青铜器的，很值得阅读。

　　综合各家研究的成果，似乎可以这样总结：在中国北方地区，所谓的"鄂尔多斯青铜器"出现于早商时期，随后分布地域逐步扩大，就我国国内的分布而言，西起贺兰山地，东到辽河流域都有发现，其中既有整体文化的传播移动，也有零星文化因素的互相借鉴吸收。这是可以理解的。在遥远的三四千年前，这样高端、稀少、制作精美又结实耐用的青铜器，在哪里都会成为珍贵之物，作为礼品也好，作为战利品也罢，在所有的人群里都会倍加重视，也会传至后世的。在这个意义上，"鄂尔多斯青铜器"的名称已不足以概括其内涵，目前学术界已经主要使用"北方系青铜器"这个名称。

北方系青铜器出现得很早，最早的青铜短剑可以早到二里头文化时期，也就是商代早期，甚至比之略早。它们应该是在当地铸造的，既影响了商代的文化，也影响了南西伯利亚地区的卡拉苏克等文化；既从乌拉尔山地的塞伊马-图尔宾诺文化吸取营养，也从商人文化借鉴不同的文化成分，从而形成丰富多彩的器物群特征。

既然属于不同的时期和地域，这类青铜器必然属于不同的考古学文化，也即属于不同的族群。哪怕同属春秋时期，出现在鄂尔多斯的青铜短剑，与出现在燕山山地、辽河流域的同类器物也肯定不属于同一个民族。如果非要同我国史籍中的民族相联系，则可以说，除了战国至汉代鄂尔多斯一带的出土品可以认定是匈奴的以外，其他时段和地域的这类器物只可说大体与某一民族有关，过去那种笼统地将鄂尔多斯青铜器认定为匈奴遗物或匈奴祖先的遗物的看法肯定是不全面的。

其实，商代以后，中国北方地区的民族同南方一样，都在持续地与中原民族融合同化。春秋时期的晋、代、中山等国，很多居民就应该是传统意义上的北方民族成员。即使认为戎狄、林胡、楼烦也是操鄂尔多斯青铜器的民族，他们与后来的匈奴也不是一回事儿。

根据内蒙古地区古代遗存的人骨鉴定结果，东周时期活动在内蒙古地区的人群，既有蒙古人种古华北类型、古中原类型，也有北亚类型。属于蒙古人种北亚类型的匈奴人的南下，主要发生于春秋晚期到战国时期，而他们到达内蒙古西部又要早于东部。按吉林大学考古学系资深教授林沄先生的话说，中国北方系青铜器（鄂尔多斯青铜器）出现的时期，并不是北方地区普遍被游牧人占据的时代，北方地区全面游牧化实际是东周后期，也即公元前500年前后才开始的。因此我们今天不应该把鄂尔多斯青铜器或曰北方系青铜器与游牧民族简单地联系起来。

贺兰山下西夏陵

从鄂尔多斯继续向西，经过高楼林立的东胜新区，不久之后就进入了毛乌素大沙漠的范围。路上我看到杭锦旗、鄂托克旗、乌海、石嘴山等熟悉的地名从车旁呼啸而过，因为车少，我甚至可以偶尔瞅一眼路边的沙丘、戈壁、农区、牧区羊群，感觉这毛乌素沙漠严格来说只好算沙地，我国的沙漠治理还是很有成效的。

从乌海转而向南，经过石嘴山，远观着天边的贺兰山，不久之后就到达了银川。来银川，是专为考察银川附近、贺兰山下的西夏王陵。这西夏王陵在我参加编辑《中国大百科全书·考古学》的时候，就已有所了解，后来在2010年曾到此旅游，但那时只是单纯的游客，此次再来银川，自然要到王陵区细细探访。

西夏王陵位于银川市西、贺兰山下，东边是银川平原，又称西夏帝陵、西夏皇陵，是西夏历代的帝王陵墓以及皇家陵园。其营建大约始于11世纪初，终于13世纪初。今天它不仅是现存规模最大的西夏文化遗址，也是我国现存规模最大、最有特色的帝王陵园之一。

泯灭千年的帝王陵

西夏强盛时，曾与宋辽鼎足而立。13世纪初，蒙古人先后六次伐夏，其中成吉思汗四次亲征。1227年，成吉思汗包围西夏首都兴庆府长达半年，付出极其惨重的代价才攻打下来。西夏王朝灭亡，党项族从此消失，西夏王朝留给后人的，便是一个又一个的谜。

时间到了1972年6月，兰州军区某部在贺兰山下修建军用机场。施工的时候，意外发现了几个破碎的陶罐，还有一些带文字的方砖。部队立即停止工程，报告宁夏博物馆。博物馆派员进行抢救性挖掘，发现一座古代墓葬。研究认为是一座西夏时

西夏文残碑

期的墓葬，而出土的方块字便是西夏文字。

考古人员在这片荒漠中持续调查，在连绵的贺兰山下发现了多个金字塔形的高大黄土建筑，黄土建筑周围均环绕着方形的围墙。当时，考古人员共发现了有高大墓冢的陵墓15座，并按调查顺序进行了首次编号，经研究，认为这些雄伟的建筑是西夏皇家陵墓。

此后近30年里，考古人员对西夏王陵进行了科学的考察和研究，共发现帝陵9座、陪葬墓200余座，湮灭千年的西夏王陵从此以宏伟的规模、严整的布局，呈现在世人面前。

王陵的建造

西夏（1038—1227）是中国历史上西北地区的党项人建立的一个王朝，称为邦泥定国或大白皇国。因为它在西北，故称为西夏。西夏统治地域幅员2万余里，覆盖宁夏、甘肃、青海东北部、内蒙古西部、陕西北部。在对外关系上，它表面上自称是辽、宋、金的附属国，但实际上是一个独立自主的帝国。西夏早期与辽、北宋的战争频繁，维持了三国对峙的局面。后期与金并肩作战，末期受到蒙古的威胁，最终为蒙古所灭。西夏前后历十帝，存续189年。

唐末，党项拓跋族首领李思恭因平定黄巢的功绩而受封夏州等五州之地。1038年，其后裔李元昊建立西夏，建都于兴庆府（今银川），将祖父李继迁、父亲李德明迁葬于贺兰山东麓。此后，在西夏国存续期间，各王均葬于此地，除西夏末期的神宗李遵顼、献宗李德旺和末主李晛之外，每一任皇帝都有明确的陵名。位于陵区最南端的1号陵为李继迁裕陵，2号陵为李德明嘉陵，3号陵为李元昊泰陵。之后是毅宗李谅祚安陵、惠宗李秉常献陵、崇宗李乾顺显陵、仁宗李仁孝寿陵、桓宗李纯祐庄陵和襄宗李安全康陵。

西夏王陵的规制

西夏王陵内现存的9座帝陵均坐北面南，按昭穆（古代宗法制度，左为昭，右为穆；父曰昭，子曰穆）葬制排列，形成东西两行。北端有一处三进院落建筑遗址，为陵邑（或宗庙）。西夏王陵吸收了唐宋皇陵之所长，同时又受到佛教建筑的影响，使汉族文化、佛教文化与党项民族文化有机地结合在一起，形成了我国古代陵园建筑中别具一格的形式。

根据调查得最清楚的3号李元昊秦陵的布局，王陵中各帝陵的陵园均由阙台、神墙、碑亭、角楼、月城、内城、献殿、灵台等部分组成，是一个完整的建筑群体，占地面积都在10万平方米以上。阙台耸立于陵园最南端，碑亭位于其后，这里放着用西夏文、汉文刻制的歌颂帝王功绩的石碑。碑亭后是月城，其南墙中部有门阙，月城置放有文官、武将的石刻雕像，即石像生。月城之北是陵城，其南神墙中部亦有门阙。陵台是陵园中的主体建筑，位于陵城西北。塔式陵台前有献殿，用于供奉献物及祭奠。陵台至献殿间有一条鱼梁封土，封土下为墓道。帝陵墓室在墓道北端，位居陵台南10米处。陵城神墙四面居中有门阙，神墙四角有角台，表明了陵园的兆域地界。有的帝陵还有封闭式、马蹄式和附有瓮城的外城。

特异的西夏王陵

同中原的历代帝陵相比，西夏王陵有许多特异之处。

其一，陵城和角阙形制具有西夏佛教的突出特点。根据出土遗迹和文物，专家认定，西夏陵园的陵城为夯土墙，墙体总高约4米，夯土墙表面涂抹几厘米厚的草秸泥，再用红色细泥涂饰外表，顶部铺瓦。这种红墙青瓦的墙体建筑结构，使西夏

3号陵的陵台

陵园更显典雅、庄重和肃穆，充分显示了西夏王朝皇家帝陵庄严、雄伟的气魄。王陵的陵台也是以高大宏伟的密檐塔状陵台为中心，四周围绕高低错落有致的佛塔群，使陵园充满尊崇佛法的宏大气势，突出了西夏陵别具一格的建筑特色。

其二，与历代将石像生列于陵园正门外的神道两侧、成夹道之势的做法不同，西夏将月城作为列置石像生之地。这样石像生排布更加集中、紧凑，缩短了陵园的南北纵向距离，形成了"凸"字形的基本结构，与宋陵的方形布局有明显不同。有人认为西夏陵园的平面可能仿国都兴庆府城。陵园前凸出的一块，乃是仿城门外之瓮城，以突出月城保卫陵园的作用，可见西夏人仍按古代"视死如生"的丧葬要求设计陵园。

其三，陵台为塔式建筑。陵塔位于陵城西北隅、墓室的正后方，是西夏陵园中重要而又特殊的建筑，为中原地区陵墓所未见。中原帝陵的宝顶都位于主墓室的上方，而西夏王陵的陵台却位于墓室后方；中原帝陵多做覆斗形，西夏王陵则形如佛塔。经发掘发现，塔基为圆形，推测陵塔应是圆形密檐塔，内部为夯土结构，外檐有大量装饰瓦。

3号陵的阙台

关于西夏王陵，长期以来还有不少神秘传说，比如说王陵是按星象排列，九座王陵组成北斗图案和八卦图；说王陵千年不倒、寸草不生、不怕洪水；说王陵常年不落飞鸟、也无走兽，等等。其实第一说略有附会；第二说是同建筑的夯土中夹有生石灰有关，不怕洪水则是因为陵园周围建有溢洪道；而第三说的情形确实存在，也许是同陵园内没有飞禽走兽所需的食物有关吧。

西夏王陵精美的出土文物

尽管西夏王陵区历史上遭受过焚烧和劫掠，但考古人员还是从中发现了不少精美的建筑构件、瓷器、陶器、泥塑、西夏文和汉文石刻、铜铁器等。在这些文物中，以鎏金铜牛、石雕力士支座、各种质地的迦陵频伽、建筑构件最为珍贵。

灰陶质迦陵频伽

绿釉海狮

西夏陵共出土石雕力士志文支座十一尊，乃西夏陵之重器。这些力士志文支座以红砂岩雕琢而成，座呈长方体，上半部浮雕硕大头像，多为面型浑圆，五官扁平，圆形大眼，双膝跪于土衬之上，上肢挂于膝盖，座身两侧以阴线勾勒出曲跪的双腿。其造型抽象写意、风格拙朴，雕刻手法遒劲有力、生动粗犷，所以备受瞩目。

迦陵频伽是佛教中的神鸟，被称为妙音鸟，无论是神话还是原始宗教，都赋予它超人的意志和非凡的神力。西夏王陵出土的迦陵频伽为陶质，人首鸟身。器表有的通体施绿釉，有的不施釉。头部雕刻精细，面相长圆，脸颊丰腴，上眼睑下垂呈俯视状，高鼻准，方嘴厚唇，平胸，双手合十于胸前，双翅展开，长尾高翘，双腿连爪跪骑于贴云纹的长方形基座上。

建筑构件以作为脊饰的海狮、摩羯和灰陶鸱吻最有特色。海狮和摩羯为陶质，有的带绿釉；鸱吻质地细腻、坚硬，色泽青灰，龙头鱼尾，上部方筒形，呈张口吞脊之势，形象威猛，器内中空，器体厚重，器背施鱼鳍纹，尾部施鳞纹，为正脊饰物。

出土的许多西夏文和汉文残碑以及各种西夏文字材料也很珍贵，它们为研究者确定各陵的主人提供了确切的证据。

董志塬上现文明：南佐探秘

离开银川，我预定的下一站是甘肃东南部的庆阳。为什么是庆阳？还是同我早期编百科的经历有关。当时百科考古卷在资源有限的情况之下，为庆阳南北石窟寺专列了词条。中国四大石窟寺之外，庆阳石窟寺的意义在哪里？我一直放在心中，但不得其解，这次有机会，便决定实地看一下。

不过事有凑巧，在银川浏览资料，我偶然发现近年有重大发现的南佐遗址竟然就在庆阳市区附近，并且我还发现这个遗址是由中国人民大学考古系和甘肃方面联合发掘的。我的大学同学兼好友魏坚是人大考古系的创办者，有此消息，我马上请他联络，得以到南佐遗址实地考察，所以此文的重点就是介绍南佐了。但是探访石窟寺是我的初心，也应加以适当介绍。

开创七佛造像的庆阳北石窟寺

我以为既然名为庆阳南北石窟寺，两地应该很近，但到了北石窟寺一打听，才知道南石窟寺在泾川县，离此很远，而我的时间又不够，就只好单独踏访北石窟寺了。

北石窟寺开凿于北魏时期，是由北魏名将、泾州刺史奚康生开凿的。石窟位于庆阳市区西南约20多公里的蒲水与茹水交汇处东岸，在名为覆钟山的环山体长约120米的黄沙岩壁上雕凿而成。始凿于北魏宣武帝永平二年（509），后经西魏、北周扩建，此后直到明清不断扩建，现在岩壁上有窟龛308个、石雕造像2429身。不过经历1500多年的风雨侵蚀，外部的许多窟龛都已经漫漶不清，而在我到达的时候，可能正准备对其加以维修，石窟外面搭起了密密麻麻的钢架，我不仅无法拍摄其全

从钢架缝隙中拍摄的露天窟龛　　　　165窟正面三佛

景，许多洞窟也无法进入。

　　万幸的是，这里年代最早、规模最大、艺术价值最高的165窟仍然开放，故此我将重点介绍这一石窟。

　　165窟是中国最大也是最早的七佛窟，开凿于永平二年，覆斗顶，高14.5米、宽21.7米、深15.7米，窟内造像主尊为七佛，高8米；胁侍菩萨十身，高4米；前壁南北两侧有交脚菩萨各一身，高5.8米。门内南侧雕菩萨及弟子、驭象奴乘象，高3.05米；北侧雕三头四臂阿修罗天，高3.1米。窟门外雕二天王，高5.7米，其两侧雕雄狮。窟内门上部浮雕千佛，窟顶四坡浮雕坐佛、飞天、弟子、佛塔及佛传、经变故事画面。

　　从北魏开始的"七佛"观念，认为在释迦牟尼之前，已经出现过五位佛祖，将来还会有弥勒佛降临人世，如此便形成了过去、现在、未来的完整佛陀崇拜体系，故此，北石窟寺165窟

165窟门内南侧骑象菩萨、弟子与驭象奴

165窟门内北侧的阿修罗天

222窟盛唐风格的一佛二弟子二菩萨

在中国佛教石窟史上的意义是独一无二的。其七佛造像宏伟精湛、庄严肃穆，其他如弥勒菩萨、骑象菩萨、阿修罗等作品也都极富艺术感染力，门口的两尊天王像的形态，体现出自信与力量的完美结合，是北魏石窟寺艺术的精品。

除此之外，开凿于北周时期的240窟和开凿于盛唐时期的222窟也很有特色。

南佐：董志塬上的中心聚落

我从北石窟寺下来，就驱车直奔南佐遗址。拜魏坚教授所托，考古工地的负责人、中国人民大学考古系待读博士张锢陪同我仔细地考察正在发掘的遗址，并考察遗址周边的遗迹现象，又观摩了出土的各种遗物。

张锢介绍说，南佐遗址在上个世纪曾有过两次试掘，此次的发掘和调查勘探从2021年开始。经勘探得知，遗址位于董志塬上，面积在600万平方米以上，聚落中部是由9座方形夯土台及其周围环壕围成的核心区，面积约30万平方米，核心区中部偏北是由护城河和夯土宫墙围成的"宫城"。"宫城"的中心是主殿。

已经大部发掘的"宫城"有东西宽约55米、南北长约67米的夯土围墙，墙外有宽约15米、深10米多的护城河。主殿在"宫城"中部偏北，建筑面积720多平方米，由"前厅"和"殿堂"两部分组成。主墙墙体厚约1.5米，南墙开有三门，其余三面为圆转角附墙。"殿堂"前部有一直径约3.2米的地面式圆形火坛，后部有两个直径达1.7米的大型柱洞。前厅南侧无墙，地面有三排直径约0.8米的柱洞。"殿堂"内所有墙壁、火坛、殿外的散水台都涂抹多层草拌泥和石灰，有些部位白灰面多达六层！

在"宫城"内部东西两侧各有多间夯土墙侧室，其分布大体对称，一些侧室内部也有圆形火塘。宫城区的南宫墙为平行的两道墙，内墙的宫门同主殿中门、"殿堂"大火塘处于一条线上；外墙则类似于后世的影壁，应兼具防御功能。

在"宫城"之外、夯土台与环壕之内，还分布着不少夯土墙、白灰面的高等级建筑。环壕之外则有五六片普通居住区，这些居住区面积都在五六万平方米，房屋却都是较小的白灰面窑洞式建筑。发掘者推测，"九台"内及宫城主要是举行祭祀礼仪和王公贵族居住的地方，"九台"外主要是普通人的生产生活区域，也包括农田。

关于遗址的时代，从出土的陶器特征判断，当属于仰韶文化晚期，准确地说，相当于半坡四期文化时期。具体年代大体在距今5100—4700年之间。

南佐遗址的文明之火

上面介绍的是南佐遗址的规模和主要构成，其实在南佐还有许多重要的发现。

比如，在南佐发现了一般的红陶和灰陶器，也有彩陶，更发现了黑陶和白陶器，这在黄土高原是十分罕见的。尤其是白陶，其陶胎仅有一两毫米厚，泛出釉质光泽。我们知道，黑陶

南佐遗址出土的薄胎白陶带盖簋（翻拍自工地海报）

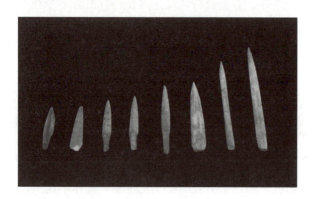

南佐遗址出土的涂朱砂骨镞（翻拍自工地海报）

质的蛋壳陶是在山东龙山文化时期才出现的，要比这里晚好多
年，它们之间是什么关系呢？

比如，在宫城祭祀区出土了数以百万计的炭化水稻。黄土
高原本是以种植粟、黍为主的，这里发现的这么多的水稻是当
地种植的，还是交换得来的呢？它们出现在祭祀区又反映了什
么呢？

比如，遗址里出土的彩陶和白泥堆纹陶罐多是成套出土，造型相同、大小成系列，有的还配有盖塞——既可盖上，又可塞紧。发掘者推测，这些陶器有的是装酒的，有的是盛肉的。像这样的器物成批出土于祭祀区，说明了什么呢？

比如，遗址出土了不少涂抹了朱砂的骨质和石质的箭头。这样的箭头显然不太可能是用于实际狩猎的，它们出土于宫城区里面，发掘者认为此即是所谓的"彤矢"——古时天子赐予有功大臣的朱漆箭。如此说来，当时是已经有"天子"了吗？

结合这些，我们回头看前面所说的"九台"。这九个夯土台呈倒"U"形对称分布，每个都是40米见方，北部的圆台更大。这些台子有的至今残高仍有六七米。九台之内为宫城，呈封闭式的中轴对称结构。结合宫城内的"殿堂"里的大火坛，发掘者认为，"天圆地方"，圆形的北台可能就是祭天的"天坛"，东西两侧的八个方台则可能是祭祀八方大地的"地坛"。

综合这些因素，发掘者认为，南佐遗址所表现的，应该是以王权为核心的社会形态，也就是说，南佐所处的董志塬地区当时是一个以南佐为都邑的早期国家。得出这个结论，实在有些石破天惊了！我们知道，传统上一般认为，中国古代在龙山文化时期才进入阶级社会，出现国家，而南佐的时代要早于龙山时期好几百年，这个"黄土高原古国"真可算是新石器时代漫漫长夜里的第一把文明之火了！

故事到这里并没有完。发掘者发现，南佐遗址宫城的建筑是被主动放弃的！主殿F1停止使用后就被填埋起来，并且夯填得很实，也因为此，夯土下的各种原初的建筑遗迹被很好地保存下来。那么，问题就来了：南佐的居民为何要放弃这么宏伟的城市？是因为气候的变化，还是因为外敌的威胁？据发掘所见，夯实后的土台上后来还有新的建筑，那么这些新的居民是什么人？南佐的居民又去了哪里？庆阳被认为是华夏始祖黄帝部落的发祥地，南佐的城市与礼制建筑同这个传说有没有关系呢？另外，庆阳古时属于"豳"地，史言夏代的时候，周人的先祖不窋（即后稷）率部族来此，从事农耕，使族人得到发展。后稷的时代虽与南佐相差了几百年，但他们有没有文化上的联系呢？事情真的越来越有意思了！

石破天惊开新宇：石峁访古

对文物考古有点兴趣的人，对石峁这个名字都不会感到陌生。这是一处龙山时期到夏代纪年早期，也就是公元前2300年至公元前1800年前后的超大城址，2011年正式考古发掘以来，曾先后两次入选"全国十大考古新发现"，获"田野考古奖一等奖"和"世界重大田野考古发现"等殊荣。我对此向往已久，这次西北之行，我就把它放在最后一站，计划好好地看一看。

从南佐遗址下来，我经延安中转，直上陕北的石峁。由庆阳到延安，再由延安北上至神木的石峁，大体都是在黄土高原上穿行，一路上大片的黄土山峁，时不时地会有披绿的山坡，显示人工植树造林的成就。黄土高原也有颇为吸引人的奇景，比如路上顺便观赏的延安地区的甘泉大峡谷，古老的红砂岩经长期溪流切割，形成幽深的溪谷，在斜阳余晖下呈现出各种奇妙的梦幻般的图案。我们往往会把古人的工艺杰作形容为"巧夺天工"，但身处峡谷之中，看见那些动态的色彩和细腻的微景观，我深深地意识到，大自然的造化还真是非人工所能企及。

此次石峁之行，最令我感动的是，石峁管理处的宣传教育科杨瑞科长牺牲休息时间，专门从神木市家里过来，陪我参观并介绍遗址的各项发现，还惠赠《石峁遗址志》和《石峁二十四节气》二书，令我受益颇多。而石峁之行带给我的印象只能以"震撼"形容。过去我看过不少关于石峁的资料，其中很多形容石峁的发现是"石破天惊"。不能不承认，这也是我的感觉。当然我来也晚，惊的，或者是震撼到的只能是我自己。下面我就谈谈惊在何处、开了哪些新宇。

震撼之一：宏大的规模

峁，在陕北话里的意思是山顶平缓的山丘。当驱车行过曲曲弯弯的3公里山路，到达石峁管理处所在的位置时，周围的山峁尽收眼底。由此进入东门遗址，向西远眺外城、内城和皇城台遗址，我不禁立刻被其雄大所震撼。

据杨瑞介绍，石峁古城的总面积超过400万平方米，包括内城和外城，内城面积达210万平方米，残存的城墙仍长达2000多米；外城面积190万平方米，残存的城墙有近3000米；内外城加起来的面积，超过五个故宫。石砌的城墙总长度逾10公里，底宽2.5米以上，高5米左右，所用石料约12万立方米。不仅如此，城外还有几处哨所性质的建筑遗迹。内城中央的皇城台底部是宽大的台基，台基之外，自下而上包砌多达九级的护坡石墙。整个皇城台高达70余米，站在台前的平地望上去，俨如高耸的阶梯式金字塔。皇城台顶面积达8万平方米，有成组的宫殿及苑囿遗迹。皇城台底部有石砌的大道，穿过皇城门，通往外面面积超过2000平方米的广场。

站在皇城台前面的广场，回望整个内城与外城，我不禁为这4000多年前的浩大工程而赞叹！这样气势雄伟的宏大城址，体现出来的，是当时的统治者不可冒犯的崇高地位。

震撼之二：精细的规划设计

这样一个巨大的城址，同时展现出了经济到位的规划和复杂精巧的设计，体现出强大的社会动员和组织管理能力。

首先，城市选址很科学，其所处山峁的南北两边是深沟，两侧的深沟在西端汇合，只余东北边与其他山峁相通。在这样的地形之下，设计者以东门为中心，外城墙依山势向四周伸展，将内城严密地围护起来，城墙上设有马面和角台，城墙外便是深沟，在当时确乎有如铜墙铁壁。

石峁的规划和经营还可以从墓地的位置与分布得到验证。其墓地位于大台基西侧，有门道串联宫殿区和墓葬区。墓葬分南北两区，分布规律，各排墓葬之间有石墙区隔，类似于今天的公墓，这是一个重大的发现。

　　设计的精妙还体现在东门的建设。现已全部发掘完成的东门遗址位于城址最高处，中心是门道南北两侧的夯土墩台，墩台内外都有瓮城。墩台为夯土实心，外围包砌石墙，外侧有护墙和散水。内外瓮城均为石砌，内瓮城的墙面还绘有壁画。经测算，这个东门址的门道和墩台东北侧外立面均精准朝向建造时的日出方位，夏至的朝阳可以直射入门道，并照射到内瓮城东北墙面的壁画。

东门址墩台

石峁遗址出土的双神面石雕（图片来自《石峁遗址志》）

令人惊叹的是，在这样规模巨大的城墙城门建设中，所用的石料大多经过修治，石墙的转角处，石料均修治成直角。石墙以纤木加固。纤木水平地放置在墙壁中，可以像钢筋一样，对石墙形成支撑和加固作用。如此精细的设计和到位的施工，体现出当时高超的技术水准和严密的组织管理。

震撼之三：精美的石雕艺术

在石峁的出土遗物中，有生产和生活用具，包括石器、玉器、陶器、骨器等，然而我最感兴趣的，是这里发现的各种石雕。石雕主要为石雕像和浮雕，也有线刻和圆雕。雕刻内容大致有神面、人面、神兽、动物和符号五类，其中以神面石雕最有特色，也最为传神。

石雕主要发现于皇城台，其中的一件双神面大石雕为扁圆柱体，直径为49～53公分，图像雕刻在圆柱顶部和柱身的两宽面上，在柱身腹背雕出对称的神面，神面以大眼、圆鼻、大嘴为特征。另一件双神面石雕为扁圆柱体，高62公分，直径19～22公分，图像为前后布置。

出土的人面石雕多为在石块平展的一面浮雕出人面的形象，其风格近于写实，与神面明显不同。

出土的牛马石雕和人射马石雕图像也很有意思，前者图像中心为正视的牛头，两侧左右对称雕刻相向的立马；后者的图像表现为一人持弓搭箭，欲射向对面的马，马则回头凝望，十分生动。

人射马石雕与拓片（图片来自《石峁遗址志》）

石峁遗址出土的虎纹石雕（图片来自杨瑞著《石峁二十四节气》）

　　除此之外，其他的雕刻题材有眼形、眼纹、对兽、蛇纹、虎纹等。有意思的是，这里的虎纹石雕，与鄂尔多斯青铜器上的虎纹十分相像，这是否说明它们之间有某种传承关系呢？这些石雕艺术品的发现，可以说是颠覆性的，联系到古城东门遗址的壁画，我们可以发现，石峁的居民有着高超的艺术水平和精湛的雕刻技艺，以及相当高的绘画艺术修养。

震撼之四：发达的经济与高度的文明

石峁发现了小件的青铜器和铸范，表明当时已经进入了青铜时代。宏大的建城工程反映了巨大的动员能力，而这种能力是必须以一定的经济实力为基础的。在皇城台和内城的多个地点，均发现纺织品残片，经鉴定主要为麻布；石峁遗址发现有玉蚕，表明当时的人们对于桑蚕似乎并不陌生。遗址中出土的万余件骨针，更证明了当时服装制作的刚需，而这些，是必须有充分的桑麻种植才可支撑的。

石峁遗址发现的大量玉器以及海贝表明，石峁居民同远方地区的文化交流也是很频繁的。石峁的玉器数量大、品类多，值得注意的是，一些玉铲、玉璜、玉钺是有意嵌入城墙之中的。然而当地并没有玉矿，据分析，这些玉器的原料应是来自甘肃、青海，更远的还有出自昆仑山的。这里一些玉器的造型还见于辽宁、山东、中原的同时代文化，有些玉琮甚至带有良渚文化的风格。这样的器物，不管是战争还是交换所得，都表明当时地区间的交流已很频繁。

与这样的经济形态对应，当时已经有了比较高级的精神文化生活：骨制口簧、管哨表明当时已经有了音乐的欣赏；卜骨表明当时已经有了掌握占卜术的巫觋阶层；东门周边的集中埋藏人头骨的遗迹，则可能同奠基和祭祀仪式有关；"藏玉于墙"和将石雕嵌于墙内的做法，似乎体现了石峁居民对于城墙、台基的精神寄托。

不言而喻，石峁遗址所体现的是一个高级的文明，也就是说，当时应该已经出现了国家。这并不奇怪。像石峁这样庞大的城市，没有帝国似的动员能力，怎么可能完成？据考古调查，在陕西、山西、河北北部与内蒙古交界的山地，与石峁古城时代相近但规模较小的石筑城址竟有数百处，我们可否认为，石峁就是这群石筑城墙城址的最高领袖呢？

关于石峁城址的性质，有种种说法。有的认为是黄帝部族都邑，有的认为是尧帝避洪水之处，有的认为是上古之夏的都邑，有的认为是狄人祖先的都邑，等等，但这些都还缺乏确凿的证据。不过有一点似可断定，与石峁的石筑城墙相对，作为都市的防卫工事，中原地区是夯土城墙，长江下游地区则是环壕，这种不同是否表明了这其实是大的族群的不同呢？

石峁遗址的发现与发掘，的确为当今的考古学研究开辟了一方新的天地，不过我由此想到的几个问题也很有意思，这就是：这种以石筑城的传统后来为何不见了？石峁城大约存在了500年，后来就衰落毁弃了，衰落的原因是什么？石峁的石雕十分精美，这一传统被谁继承了呢？期待早日有确凿而权威的结论。

参观中我看到，东门遗址已经建起高高的的顶棚和围栏，形成完整的保护区。杨瑞告诉我，基于东门遗址的石峁博物馆已经基本到位，计划对大众开放。这是大好事！希望有更多人可以由此体会中华文明的悠远与博大。

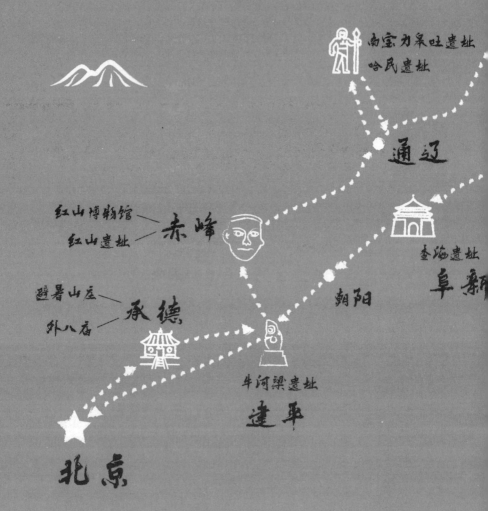

南宝力皋吐遗址
哈民遗址

通辽

红山博物馆
红山遗址
赤峰

查海遗址
阜新

避暑山庄
外八庙
承德

朝阳

牛河梁遗址
建平

北京

乌苏里江

金上京遗址
黑龙江博物馆

鸡西

牡丹江

哈尔滨

新开流遗址

长春

宁安

敦化

渤海上京
龙泉府遗址

访古东北行

纵横大东北

积累了上次访古之行的经验，我对这项新的"事业"充满了热情。自己驾车出行，不仅可考察古迹，体会中华民族博大精深的传统文化；还可以饱览沿途风光，体察各地的风土人情，可谓收获大大。故此，从石峁取道山西忻州回京之后，我就开始策划第二次的访古之行。

既然有了"三岔口"的西线，那么接下来就应该是东线了。何况东北是我的老家，又是我上大学的地方，访古之余，还可以借机看望一下母校的老师和同学。为此我规划的路线是，从北京出发，经承德，访问外八庙；之后去辽宁建平，考察牛河梁遗址；牛河梁之后，奔赴赤峰，考察红山文化博物馆和红山遗址；此后北上，经吉林通辽，访问内蒙古扎鲁特旗的南宝力皋吐遗址和科尔沁左翼中旗的哈民遗址；之后折而向东，到哈尔滨，访问黑龙江博物馆，并考察阿城的金上京遗址；由此继续向东，访问乌苏里江畔的小南山遗址和新开流遗址；之后南下，访问渤海上京龙泉府遗址；由渤海上京转往长春，回母校，之后由长春回京。

这条线路沿途会穿越燕山山脉、努鲁儿虎山、科尔沁沙地、东北大平原、长白山、张广才岭，看到大凌河、松花江、乌苏里江、牡丹江、西辽河、兴凯湖、镜泊湖等河流湖泊，总里程有近5000公里，有一定的挑战性。

承德外八庙：民族古建筑宝库

2023年8月31日，我开启了策划已久的东北访古之行。为不致第一天路途太远，我预定出行的第一站是承德。这里地处由北京向东北的中间点，又有著名的避暑山庄和外八庙，即使是清朝的皇帝，北上盛京参拜他们的祖先，也要先在承德打尖。在承德，我主要考察了外八庙，因为其建筑有特色。这里先介绍一下外八庙，就算是之后一路上访古大餐的前菜吧。

何谓外八庙？

提到承德，人们耳熟能详的是避暑山庄，但我认为，就古代建筑而言，比起避暑山庄那与故宫、颐和园近似的官式楼台亭阁，外八庙无疑更值得认真观赏。

所谓"外八庙"，是清代前期（康熙至乾隆时期）陆续修建的一个规模庞大的寺庙群，是凝聚了汉、蒙、藏等多民族建筑风格和艺术的古建筑宝库。它们分布在承德避暑山庄之外的东面和北面，像众星拱月般围绕着避暑山庄。山庄是皇权的象征，这些代表着不同民族的庙宇建筑，则象征着国家的统一、民族的团结。

"外八庙"实际上不只八座庙。这里原有寺庙十二座，因为分为八处管理，且地处塞外，所以叫外八庙。现在尚存的有七座，即普宁寺、安远庙、普乐寺、普陀宗乘之庙、须弥福寿之庙、溥仁寺、殊象寺，其中以前五座更为出色。在外八庙，我们可以看到西藏布达拉宫的气势、扎什伦布寺的雄奇、五台山殊像寺的风采、伊犁固尔扎庙的身影，更可以看到世界最大的木制佛像——千手千眼观世音菩萨，可以说，这里汇集了蒙新青藏各地的建筑精华。

我曾经多次来承德，也曾两次观览外八庙诸寺，这次因为时间有些赶，就走马观花，简述一下外八庙的佳处。

普陀宗乘之庙

普陀宗乘之庙始建于乾隆三十二年（1767），四年后建成，是"外八庙"中规模最大的一座庙宇，因仿拉萨布达拉宫而建，俗称小布达拉宫。寺庙内大小建筑约60处，殿堂楼宇依山临水，巧用地势，布局灵活而不失庄严。主体建筑大红台通高43米，台中央的万法归一殿是主殿，殿顶用鎏金鱼鳞铜瓦覆盖，富丽堂皇，极其雄伟壮观。底部则因三层白色裙楼合围，光照对比鲜明，形成肃穆的气氛，是宗教建筑上的瑰宝。

进入寺庙，过五孔石桥，跨狮子沟，到庙前广场，眼前就是白台式山门和一对威武的石狮子。山门内正中为碑亭，碑亭之北为五塔门，门上建形式色彩各异的喇嘛塔五座，代表佛教密宗等五派。门前有石象一对，是佛教大乘派的象征。普陀宗乘之庙的主体建筑大红台下部为基座，称大白台，全用花岗岩大条石砌筑，白灰抹面，占地面积约万余平方米，高18米。白台正立面以红灰抹成三层藏式盲窗。大红台高25米，墙面从下到上列窗七层，上六层为真假藏式盲窗，最下一层为汉式横长方形窗。红墙正中，自下而上有琉璃佛龛六个，均饰以黄紫相间的琉璃幔帐，内置琉璃佛像。红台上周砌女儿墙，墙上嵌黄琉璃佛龛，龛内置琉璃佛像。墙顶中央又置琉璃八宝、喇嘛塔。台顶女儿墙转角部分安置宝瓶，上插铁旗。白台东有藏式的文殊胜境殿，西有汉式琉璃垂花装饰的千佛阁。

普陀宗乘之庙万法归一殿的檐角

大红台最上的中心建筑万法归一殿，是供清帝和各少数民族上层人物顶礼膜拜的地方。其周围有洛迦胜境殿、三界亭、慈航普渡亭等。这些殿亭形式各殊，高低错落，殿顶都用鎏金鱼鳞铜瓦覆盖，在蓝天、白云之下，与红台、白台交相辉映，极其雄伟壮观。

安远庙

安远庙俗称伊犁庙，位于避暑山庄东北、普宁寺和普乐寺之间，清乾隆二十九年（1764）仿新疆伊犁固尔扎庙形制而建。因庙宇中心建筑普度殿为方形，俗称"方亭子"。

安远庙平面布局呈长方形，寺内分三进院落。一进为山门，门内是一片广阔的场地，南北各有五间配殿。二进院落以汉、藏结合的平台门为始。三进院落由70间廊房卫护正中的主体建筑普度殿，是蒙古族寺庙中常见的"都纲法式"。普度殿外观四层，实际三层，顶部为八角形藻井，中塑盘龙衔珠图案。殿内四壁，一、二、三层分别以白、绿、红色为主调，画满了以《佛国源流》和神佛战胜"八可畏"为主要内容的壁画。一楼供奉木雕主尊绿度母。二楼供三世佛和六大菩萨。三楼供大威德金刚。普度殿以黑琉璃瓦覆顶，这种做法在皇家建筑群中极为罕见。

在外八庙中，安远庙的规模远比不上其他寺庙，但它打破了汉式寺庙坐北朝南的伽蓝七堂式的传统建筑布局，保留了新疆固尔扎庙的民族风格，又融合汉、藏民族的建筑精华，因而显得别具一格，引人注目。

须弥福寿之庙

须弥福寿之庙位于避暑山庄之北，普陀宗乘之庙以东。清乾隆四十五年（1780）仿西藏日喀则扎什伦布寺而建。须弥福寿是藏语"扎什伦布"的汉译。乾隆帝七十寿辰时，六世班禅额尔德尼专程来贺，乾隆为其建此寺。

寺庙布局因山就势，错落有致，平面呈长方形，周围石墙环绕。建筑群前部由五孔石桥、山门、碑亭、琉璃牌坊组成，琉璃牌坊正北即是该庙主体建筑大红台。大红台中心为主殿妙高庄严殿，殿顶覆盖的鱼鳞状鎏金铜瓦共用去15000余两黄金，殿脊匍匐的八条鎏金铜龙均重约一吨。殿内正中供奉宗喀巴，稍北供奉释迦牟尼。六世班禅曾在此为乾隆讲经。

大红台内部有围楼三层，共400余房间，内均置佛像。楼内西北角有木梯达屋顶平台。平台四角各建方顶小殿一座。北边角殿后部为金贺堂、万法宗源组成的藏式院落。大红台北为吉祥法喜殿，东有东红台，不过生欢喜心殿等建筑都是后建的。再往北，在山巅上建有琉璃宝塔。

须弥福寿之庙的整体布局富有韵律，以藏式建筑为主；主要建筑沿中轴线左右对称分布，建筑手法与平面布局又明显带有汉式寺院的建筑特点，做到了藏汉风格的和谐统一。

普乐寺

普乐寺位于避暑山庄东北、安远庙之南，建于清乾隆三十一年（1766）。由于当时西北各民族与清廷关系日益密切，巴尔喀什附近的哈萨克族和葱岭以北的布鲁特族经常派代表朝觐，因此为他们建此寺。其主体建筑旭光阁仿天坛祈年殿形式，所以被称为"圆亭子"。

寺庙的建筑布局分前后两部，前部由山门至宗印殿，是汉族寺庙的传统形式。单檐歇山顶山门内，有钟鼓楼、天王殿、宗印殿等建筑。宗印殿是正殿，重檐歇山顶，殿脊用彩色琉璃瓦拼合成云龙图案，正中有大型琉璃宝塔。殿内供释迦牟尼佛、药师佛、阿弥陀佛。

后半部藏式主体建筑称坛城，是集会讲道祭祀之所。坛城有城墙三重，第二重墙上四角和四面正中各有一座琉璃喇嘛塔。再上为平台，上筑旭光阁，阁顶有大型圆形斗八藻井，其上的二龙戏珠制作精美，有极高的艺术价值。

普乐寺坛城顶上的藻井

普宁寺

普宁寺位于避暑山庄之北，因寺内的巨大木雕佛像，又称"大佛寺"，建于清乾隆二十年（1755）。这里是西藏、蒙古诸部与清王朝在宗教与政治方面直接联络的主要场所。六世班禅朝拜皇帝时在此下榻，蒙古族喇嘛教领袖哲不尊丹巴图克图以及诸部王公也都定期来普宁寺朝拜。

普宁寺是典型的汉藏合璧式的寺庙，平面布局严谨，以大雄宝殿为界，分为前后两部分，前部是汉族寺庙的伽蓝七堂式布局，后部是藏式，仿西藏三摩耶庙的形式修建。主体建筑大雄宝殿为双层歇山式，称为"九脊十龙"殿，内供三世佛与十八罗汉像，周围壁画环绕。寺内的大乘之阁高36.75米，外观正面六层重檐，阁内的千眼千手观音菩萨立像高22.23米，用松、柏、榆、杉、椴五种木材雕成，是我国现存最大的木雕像之一。

溥仁寺和殊像寺

清康熙五十二年（1713），诸蒙古王公为庆贺康熙帝六十寿辰，在承德避暑山庄外建寺作庆寿盛会之所，遂有溥仁、溥善二寺的落成。但溥善寺早已荒废，今仅存溥仁寺。溥仁寺建筑形制为汉族庙宇的伽蓝七堂式，山门内主轴线上依次布置天王殿、慈云普荫殿、宝相长新殿，四周有护墙环绕，现时不接待游客。

殊像寺位于避暑山庄北、普陀宗乘之庙西侧，始建于乾隆三十九年（1774），乃仿五台山殊像寺而建，为典型的汉式寺院。寺内喇嘛皆为满族，供奉主神为文殊菩萨，乾隆常从避暑山庄西北门来寺拈香礼佛，故有"乾隆家庙"之称。寺内正殿为会乘殿，殿内居中供文殊菩萨，观音菩萨与普贤菩萨位于左右。今时因殊像寺隐于民舍之中，故游人极少光顾。

牛河梁上访坛庙

"红山文化坛庙冢，中华文明一象征。"这是中国考古学泰斗级人物苏秉琦先生一首诗里的一句。其中的"坛庙冢"，说的就是辽宁省建平县牛河梁遗址的考古发现。

牛河梁遗址以近6000年前的坛庙冢一体的重大发现，引起海内外学术界的广泛关注。笔者曾在1998年去浮光掠影地看过一次，这次重来牛河梁"访古"，自是与往日不同，要考察得更细致。我的大学同学、曾担任辽宁省考古所所长的田立坤兄知道我此行后，专门从沈阳赶过来陪我考察，并介绍我与社科院考古所牛河梁考古队长贾笑冰认识。笑冰队长是晚我十年入学的吉大考古系学弟，近些年一直在牛河梁主持发掘，一些新的发现都是由他们完成的。有笑冰队长在旁讲解，我的认识就更为到位一些。

肇端于一个"笔筒"的重大发现

在1981年第二次全国文物普查中，前辽宁省文物考古所所长郭大顺先生负责建平县的普查工作。有人告诉他，附近马家沟的老乡家有一个"玉笔筒"。郭大顺很重视此信息，第二天就骑自行车赶到15公里外的马家沟，见到了那个"玉笔筒"。这玉笔筒正是红山文化玉器中最重要的一类——斜口筒形器。之后他按老乡提供的线索，在挖到玉器的名为牛河梁的山岗上发现了人骨。清理过后，证实这是一座石棺墓葬，且在墓主人头部左侧发现一件玉环。这是第一次考古发现红山文化的墓葬，那一天是1981年4月8日。这个地点后来编号为牛河梁第二地点，这座墓则编为第1号冢第1号墓。

牛河梁出土的斜口筒形器

郭大顺在北大读研究生时的导师就是苏秉琦先生。1983年，苏先生在考察东山嘴等地之后，在随后召开的燕山南北长城地带考古专题座谈会上明确提示，要在喀左、凌源、建平三地交界处多做工作，会有更惊人的发现，并称这个交界地区是考古的金三角。会后，辽宁省考古所就在当年秋天正式发掘牛河梁遗址。

惊人的发现很快到来：第二地点又挖掘出一座墓葬，出土了两件玉雕龙和一件斜口筒形器。通过对墓葬群的进一步发掘，考古人员发现牛河梁的墓冢并不是中原史前文化那样的土坑墓，而是独特的积石冢，有石块砌筑的冢界，形状有方有圆，有双冢相叠相套，结构较为复杂。此外，在第二地点和第五地点的墓冢之间还发现了类似于祭坛的积石遗迹。积石是用一种红色的安山岩石块并立砌筑，有如石栅，立石共有三圈，由外向内层层高起，所用的石块也逐层变小。

牛河梁的祭坛

接下来的发现是女神庙。在距第二地点西北约1公里的牛河梁中心部位，一个由主室、左右侧室、北室、南三室联为一体的多室布局遗迹被清理出来。因遗址表面散落着壁画和彩陶片，又在西侧室、主室、北室、南单室发现了猛禽、猛兽和人形的泥塑残件，故可以确认这是一处供奉偶像的"神居之所"。

更惊人的发现在后面。1983年11月2日上午，在对主室西侧的挖掘中，一个仰面朝天、双目圆睁的完整人头塑像重见天日。发掘者认为，"她"就是几千年前红山人的女祖，也是当初这片土地上祭祀的对象。

在此后的发掘和研究中，牛河梁第二地点3号冢被确认为祭坛，而且规模更大、结构更标准，从而确认了牛河梁遗址"坛庙冢"祭祀建筑的组合，亦由此确认了牛河梁遗址在红山文化的中心地位。

牛河梁的坛庙冢遗迹

牛河梁遗址范围近59平方公里，核心区面积约8平方公里。已发现十几处遗址，其中的重点遗迹是女神庙、祭坛、积石冢、金字塔。这些遗址中，第一地点、猪首山和第十三地点形成牛河梁遗址的中轴线，其他遗址均围绕这条中轴线分布。

女神庙遗址海拔631.1米，平面呈窄长形状，主体部分为七室相连的布局。主体建筑在北侧，由一主室和若干侧室、前后室组成；附属建筑在南侧，为单室建筑。庙的顶盖和墙体采用木架草筋，内外敷泥，表面压光或施用彩绘，彩绘为赭红色相间、黄白色交错的三角几何纹、勾连纹图案。这座女神庙已形成有中心、多单元、有变化的殿堂雏形，是中国迄今发现最早的史前神殿遗迹，庙内出土了被誉为"中华共祖"的女神头

牛河梁女神的想象复原

像。在近两年的发掘中，在女神庙的北侧又发现了石筑的斜坡状通道，通道两侧设有八字形导水墙和分水管道。而在女神庙的南侧，则发现了以石块和夯土混筑的大型遗迹，发掘者怀疑是一处最高等级的积石冢。这样，女神庙就不只是一个单体的建筑，而是一个规模宏大的建筑群。

在女神庙所处的山台的北侧，另有一处大面积红烧土堆积，曾发掘出土泥塑人像残件、陶器、各类建筑构件等，堆积性质与女神庙类似，发掘者怀疑此处即所谓的"上庙"。

发现祭坛和积石冢的第二地点位于牛河梁山梁南段山岗上，距女神庙遗址所在地1050米，海拔约625米。其总体范围东西长130米，南北宽45米，共占地5850平方米，由六个单元组成。3号冢实际为圆形祭坛，在祭坛西侧为1、2号冢，东侧为4、5号冢，北侧是6号冢，从而构成"五冢一坛"的形式。

积石冢内有多座墓葬，各墓随葬玉器的多寡与组合各不相同，规格已有高低之分。1号冢的4号墓出土一青一白两件玉猪龙，又出土红山文化典型玉器斜口筒形器。1号冢21号墓是红山文化单个墓葬随葬玉器最多的，共随葬20件玉器。2号冢1号墓是第二地点的中心大墓，规格最高，四周砌筑石墙，内部四面砌有石阶，墓葬深造于基岩，石棺宽大且齐整，表明了墓主的地位，不过遗憾的是，这座中心大墓只发现少量人骨。积石冢周围往往放置着陶质的筒形器，这种陶筒形器是当时极具特色的一种陶祭器，上无盖、下无底，将它们摆放在冢界周围，应是有着宗教祭祀作用。

金字塔遗址所在的第十三地点位于辽宁省凌源市境内，距女神庙4公里，是牛河梁遗址群中规模最大的单体建筑，海拔高度564.8米。整个建筑为圆丘形，中央部分为夯土，外围以石包砌。中央土丘直径40米。从山岗基岩面到现存土丘顶，残高约7米，总面积近10000平方米。当初发现这座"金字塔"时，上面到处散布着带有红山文化特征的"之"字纹彩陶片以及类似于冶铜坩埚的器物残片，每一"坩埚"约有1尺多高，口径约30厘米。这一金字塔的发现无疑是牛河梁遗址群中最重大的发现之一，从所处位置和建筑规模看，它应是与女神庙具有同等价值的中心建筑。

牛河梁出土的女神头像

牛河梁出土的玉器

牛河梁出土的玉鸟

女神像、玉器及其他

牛河梁的发掘，出土了许多极具价值的文物，包括各种雕像、玉器、陶器、石器、骨器等。其中最具震撼意义的，是女神像和多彩的玉器。

牛河梁出土的人物雕像，以完整的与真人一样大的泥塑女神头像最为珍贵。她面部为朱红色，两颧凸起，圆额头，扁鼻梁，尖下巴，与现代华北人的脸型接近。女神的眼珠用两个碧绿的圆玉球镶嵌而成，据说在出土时，口内还残留有用贝壳制作的牙齿的痕迹。和女神头像同时出土的，还有6个大小不同的泥塑女性雕像残块。值得注意的是，女神庙之外，牛河梁遗址第五地点出土的陶塑人像，衣服长过膝盖、脚上穿有短靴，证实红山先民已经具备制作衣物的能力。

此外，女神庙还出土若干动物塑像残块，能够辨识出来的包括熊和鹰两种。

牛河梁遗址的玉器主要出自墓葬。玉器一般放置在死者的头下、胸前和身边，种类有作为原始宗教信仰之物的玉猪龙，还有双联、三联玉璧和勾云形玉佩、扁圆形玉环、斜口筒形器，以及作为艺术品的玉鸟、玉鸽、玉龟、玉鱼、玉兽等，工艺精美，造型别具风格。

牛河梁的意义

关于这个，还是引用苏秉琦先生的话吧："牛河梁遗址坛、庙、冢群的发现，代表了我国北方地区史前文化发展的最高水平，它的社会发展阶段已向前跨进了一大步，从这里我们看到了五千年文明的曙光。"

我们可以再发挥一下，牛河梁遗址与普通的居住或城堡类遗址不同，其坛、庙、冢等礼仪性建筑是独特的。牛河梁的建筑是先民法天礼地、尊崇自然观念的集中体现。出土遗物中的女性塑像、玉猪龙、勾云形玉佩、斜口筒形器等一大批具有浓郁宗教文化色彩的"神器"，则为这处大型祭祀遗址注入了活的灵魂。用成组玉器随葬的中心大墓的墓主人，应是兼具宗教领袖和部落首长双重身份，或为巫觋一类的专司祭祀的神职人员。研究者相信，牛河梁祭祀遗址不但开启了后世封建帝王祭祀天地祖宗的传统，也是博大精深的中华文化的重要源头。

现在牛河梁已经建起规模宏大的博物馆，成为考古遗址公园。尤应提到的是，博物馆开辟了专门的苏秉琦先生纪念馆，全面介绍了苏秉琦先生的生平经历和学术成就。苏公对牛河梁和红山文化极为重视，多次亲临考察，他有关遗址性质、红山文化的社会与宗教情况的研究，为相关学术问题的厘定指明了方向。徜徉馆内，我见到了苏公的遗物和不少师友的照片，顿生人世沧桑之感。

访红山遗址，说红山文化

从牛河梁上下来，田立坤兄又陪同我考察了相距不远的马鞍桥山遗址。这里的堆积主要是兴隆洼文化和红山文化遗存，其中的祭祀坑和燎祭遗迹给我留下深刻印象。从马鞍桥山，我沿着乡间国道，直奔赤峰，因为赤峰的红山遗址是红山文化最早的发现地和命名地。

红山文化是我较早产生兴趣的考古学文化。大二的时候，张忠培老师为我们讲授新石器时代考古课程，东北地区重点介绍的就是红山文化。那时赤峰市所属的昭乌达盟还属于辽宁管辖，我想，作为辽宁人，毕业后很可能就要同红山文化发生关系，所以尽可能多地寻找有关资料，甚至把日本人在20世纪三四十年代编写的《赤峰红山后》也翻了一遍。但当时毕竟还是学生，纸上谈兵，体会不深。

四十几年过去，关于红山文化已经有丰富的考古学研究成果，我此次踏上赤峰红山遗址，到访红山文化博物馆，又细看了牛河梁和辽宁省考古研究院主持发掘的马鞍桥山遗址，对于红山文化有了比较清晰的了解，在此便同大家分享这些认识。

红山文化发现的世纪史

红山原名九女山，是赤峰市郊英金河畔的九座小山。蒙元时代，蒙古人称它为乌兰哈达，汉语译为"红色的山峰"。所以后来就称之为"红山"。

1906年，日本考古学者鸟居龙藏被喀喇沁蒙古王公聘为教师。他曾在红山发现多处新石器时代遗址和环绕着石头的古墓，从而揭开了红山考古发现的序幕。此后法国人桑志华在1922年至

1924年多次来赤峰考察，也发现新石器时代遗址多处。

1930年冬，中国考古学者梁思永在接触鸟居龙藏和桑志华的资料后，参加中国科学院考古组，到林西一带考察，发现一些陶片，但因天气因素而中断。

1933年，日军占领热河。日本考古学家滨田耕作带领所谓的"满蒙调查团"，于1935年夏天到达赤峰进行发掘，后将所获的实物资料出版考古报告《赤峰红山后》，提出了赤峰第一期文化（即红山文化）、赤峰第二期文化的命名。在很长时间内，日本人的资料是研究红山文化的一手材料。

新中国成立后，梁思永为尹达所著的《中国新石器文化》一书作序，首次提出"红山文化"的定名。梁思永和尹达先生一致认为红山文化是北方细石器文化和仰韶文化的结合，是属于长城南北文化接触产生的一种新文化。

20世纪70年代，在红山文化分布区不断发现玉龙等图腾性玉器，这些玉器反映了5500年前红山先祖的生产、生活、生育和生灵情况，而玉龙、玉凤则是红山居民最尊崇的玉器。

20世纪80年代起，喀左东山嘴、建平牛河梁等地的祭坛和积石冢的发现，将红山文化的研究推向新的阶段，红山文化的年代范围也大大提前，对其文化内涵和社会、经济、宗教等的认识更是远非以前所比。

何谓红山文化？

在考古学中，所谓的"文化"，是指同一个历史时期的、不以分布地点为转移的遗迹、遗物的综合体，同样的工具、用具以及相同的制造技术是同一种"文化"的特征。因为人们日常使用的陶器最具特征，所以"同样的陶器群"是确定一个"文化"的最重要标尺。

红山文化的陶器以压印和篦点的之字形纹和彩陶为特色，种类有罐、盆、瓮、无底筒形器等。陶器中的泥质红陶和夹砂褐陶的盆、钵、罐、瓮等各有自身的装饰纹样，而横"之"字形纹和直线纹是红山文化最具特征的纹饰；彩陶多为泥质，以红陶黑彩最常见，花纹多涡纹、三角纹、鳞形纹和平行线纹。

红山文化的石器以农业工具为主，烟叶形、草履形的石耜、桂叶形双孔石刀最富特征，还有磨制和打制的双孔石刀、肩石锄、石磨盘、石磨棒等；细石器工具发达，刮削器、石刃、石镞等工艺尤为精湛。

红山文化的彩陶罐

红山文化的石耜

红山文化的玉雕工艺水平较高，玉器的制作为磨制加工而成，器形有玉猪龙、玉凤、玉龟、玉鸟、兽形玉、勾云形玉佩、斜口筒形器、棒形玉等。

具有这样的遗物特征的红山文化遗址，以辽河支流西拉木伦河、老哈河、大凌河为中心，在辽宁、河北、内蒙古交界地区分布面积达20万平方公里。年代为公元前4000—前3000年，也即距今6000—5000年左右，延续时间达千年以上。也有人认为红山文化的发源还要更早，约出现于6500年前。

红山文化的经济社会形态

红山文化的经济形态是以农业为主，兼营牧、渔、猎各业。建平马鞍桥山发现的聚落遗址面积达18万平方米，发现了半地穴式房址，聚落周围有环壕，出土了石耜、石磨盘、石磨棒等工具。与之适应的社会形态，初期尚处于母系氏族社会的全盛时期，主要社会结构是以女性血缘群体为纽带的部落集团，晚期逐渐向父系氏族过渡。从牛河梁的大型积石冢以及高规格的神庙、墓葬的发现可知，在红山文化晚期，社会分化明显，出现特权阶层及王者式人物；玉雕工艺获得前所未有的发展和进步，玉器成为最主要的随葬品，形成玉礼制系统。

从牛河梁遗址的发现看，这里似乎已形成系统化的精神信仰与祭祀体系，包括天地崇拜、祖先崇拜和以龙图腾为代表的动物崇拜。其表现如修建在山顶的坛、庙、冢，祭祀活动用的玉器如玉龙、勾云形玉器、斜口筒形器、玉人、玉凤、玉鸮、

红山文化的玉龙

玉龟，以及陶塑、泥塑或石雕的人像与专供祭祀活动使用的陶器。尤其是这里发现的女神像，为此时期中国考古所仅见，被称为"中华共祖"。如果把此时的红山文化作为一个"古国"，那么，牛河梁就是其权力中心和宗教中心。

以神权集中权力，以玉辨身份、明等级，表明红山文化晚期已迈入文明社会的门槛，红山文化应是中华文明的起源地之一。但红山文化的军事色彩比较淡，在这里还没有找到如中原地区那样的中心遗址和城墙城壕等防卫设施，也少见如长江流域那样丰富的斧钺类武器。

红山文化的陶塑人像

红山文化从何而来？

红山文化是这个地区独具特征的一种新石器文化。它的出现当然不是横空出世，而是有其自身的发生发展过程。兴隆洼–查海文化和赵宝沟文化的接续发现与确立，使探讨红山文化源头成为可能。

兴隆洼–查海文化与红山文化在分布地域上大体相同，其年代经科学手段测定，为距今8000—7000年，早于红山文化。查海遗址出土的龙纹陶片，已具备中国古代龙形象的基本特征，其大型石塑龙堪称迄今为止在中国发现最早、形体最大的龙形象，对红山文化的龙形有直接影响。

赵宝沟文化是略晚于兴隆洼文化的新石器时代考古文化，首次发现于敖汉旗高家窝铺乡赵宝沟村，距今约7000年。该文化在西辽河流域对红山文化发展产生过重大影响。这一时期的先民已存在等级高低之分，表现出发达的原始宗教信仰，出现较为高级的神灵崇拜观念，其陶尊（小山尊形器）上的猪首蛇身灵物和生翼长尾的鹿纹灵物的出现，与后世龙崇拜现象密切相关。赵宝沟文化的分布范围也与红山文化大体相当，都属于耜耕农业文化。

红山文化在文化内涵上，存在着与兴隆洼–查海文化和赵宝沟文化的继承关系，但比兴隆洼–查海文化和赵宝沟文化更丰富。可以认为，前两者的农业生产以及相当规模和数量的聚落，是产生红山文化的繁荣的原始农业社会的基础，兴隆洼–查海文化、赵宝沟文化应是红山文化的源头。

红山文化彩陶碗

红山文化的形成，还受到中原文化的影响。研究者认为，距今6500年左右，生活在太行山以东、燕山以南的后冈一期文化居民向北扩张，越过燕山，进入大凌河、老哈河流域，将当地的赵宝沟文化居民驱赶到西拉木伦河以北，二者相互吸收对方元素，从而形成了一支以夹砂之字纹筒形罐、泥质盆钵壶及彩陶共存为特征的考古学文化。这也构成了以西拉木伦河为界的红山文化的两个大的地方类型，其居民主体分别是隔河而居的赵宝沟文化土著居民和后冈一期文化移民两个不同的族群。

红山文化去向何处？

距今约5000年左右，西辽河流域的环境转向干冷，一度繁荣的红山文化急剧衰落，取而代之的是小河沿文化。但有学者认为，小河沿文化的年代下限可能晚于红山文化，但它的年代上限不一定晚于红山文化，两者之间的共同因素，包括彩陶、壶类器等应是彼此借鉴、相互影响的结果，而非直接的承袭关系，所以它们应该是并存了一段时间。总体上，小河沿文化的综合水平要落后于红山文化。似可推测，因为气候变化，红山文化的居民向远方迁徙，其中心地域逐渐被相对落后的小河沿文化居民所占据。

红山居民去往何方了呢？有人推测是向西，到了河北、陕西、山西北部，以石峁遗址为代表的文化就是他们的后代创造的。在看了牛河梁的大型积石冢、神庙和祭坛之后，再联系石峁遗址的大规模石造建筑，我比较相信这样的推测。

无论如何，正如贾笑冰队长所说，红山文化所展示的特征展现了中国传统文化的"突出的连续性""突出的创新性""突出的包容性""突出的和平性"，为中华文化的形成和发展贡献了重要的精神内核。确实，红山文化的诸多因素深深地融入了中华文化体系之中，同中华大地上的其他地区文化汇聚在一起，奠定了日后几千年中华文明生生不息、稳步发展的坚实根基。

驿站上的古代聚落：访南宝力皋吐遗址

从赤峰出来，我行经通辽，之后循G2511高速公路向西北继续进发，行约150公里，就是著名的南宝力皋吐遗址。我久闻南宝力皋吐遗址之名。这个遗址规模巨大、性质特殊、出土遗物丰富、文化面貌复杂，它的发现，对研究东北地区乃至东北亚地区的史前文化都将产生积极的影响。反映如此广泛的地域文化交流的遗址，我此次要特意去看一看。值得一提的是，从赤峰向北到通辽，再由通辽去往南宝力皋吐，一路上都是在科尔沁沙地穿行，高速公路上没有什么车，路又平直，行车之时，可以极目四望，但见沙地植被和片片玉米地错落分布，只偶尔看到一些沙包，这里传统上属于牧区，但现在已经基本上是定居的农区了。

南宝力皋吐遗址位于内蒙古自治区扎鲁特旗东南的老杜苏木（苏木就是乡镇的意思）境内，西北距扎鲁特旗约40公里，东北距老杜苏木政府办公地10公里。扎鲁特，蒙古语意为"驿站"。南宝力皋吐遗址与墓地的发现，第一次印证了内蒙古东部地区和东北地区其他几支新石器时代晚期重要遗存——小河沿文化、偏堡子类型文化以及昂昂溪文化因素的共存例证，为研究这几种文化的关系提供了至关重要的材料。

大风刮出来的远古遗址

南宝力皋吐聚落遗址所在地域处于松辽分水岭，北依大兴安岭，南望科尔沁沙地和西辽河平原，东与松嫩平原相通，西及西南与西拉木伦河流域相连，是大兴安岭南麓草原与科尔沁沙地的交汇地带。

这一遗址在20世纪90年代后期就已经被发现了。科尔沁地区每当春夏交替时节，草原上都会出现强风，卷走地表的浮土。这样年复一年，本来深埋在地下的陶片就会出露地面。当地村民看到了，但并不了解其中价值。不过原内蒙古文物保护中心主任吉平在2006年夏天捡到陶片后，立刻就判断出，这是不同于以往的新东西。

南宝力皋吐遗址出土陶器

　　2006年6月，内蒙古文物考古研究所（现内蒙古自治区文物考古研究院）、通辽市博物馆和扎鲁特旗文物管理所对这一地区展开调查，并着手进行抢救性清理发掘，距今4500年左右的史前遗址展露于世。从2006年到2009年，四年间吉平带队对遗址进行发掘，揭露面积1.5万平方米，清理房址18座、墓葬347座，出土陶器450多件，骨器、玉石器等1000多件。

　　2006—2008年，南宝力皋吐遗址发掘项目获得"全国十大考古新发现"提名，并入选国家文物局举办的"2007—2008年度中国田野考古学论坛"六大考古新发现；2013年5月，该遗址被国务院列为第七批全国重点文物保护单位。

聚落和墓地

南宝力皋吐聚落遗存是迄今为止内蒙古东部乃至整个东北地区发现的规模最大、获取遗物最为丰富、文化面貌极其独特的一处新石器时代晚期的大型聚落遗存。发掘显示，这一聚落遗存由多个墓地和遗址组成，它们坐落在南宝力皋吐村西的高地之上，沿西北—东南向一线排列。

遗址中的房址平面形态是"凸"字形，面积一般为10平方米左右，最大的近15平方米；均为半地穴式，进深与间宽没有规律；门道为斜坡式，圆形灶多位于居住面近门道处；墙壁和居住面涂有白色黏土。

遗存中各墓地的墓葬形制相同，葬式、墓向统一，葬式常见仰身直肢单人葬，少侧身葬、俯身葬，不见屈肢葬，极少双人或三人合葬墓，少数墓葬没有发现人骨，个别墓葬明显为两次葬，同时发现有火烧墓。随葬品一般置于头顶或肩部头两侧，亦有少量置于腰或两臂外侧。个别墓葬发现有头龛和脚龛。墓内出土陶器风格特征一致，且无打破关系，因此当属于同一文化族群的遗存，年代为距今约5000—4500年。

发现的重要遗物

遗址出土有玉璧、玉璜、玉环等玉器，壶、罐、钵、豆等陶器，石刀、石斧、石铲、石骨朵等石器，骨冠、管状器、骨梗石刃刀等骨、蚌器，以及人形陶壶等象生类器物。

南宝力皋吐聚落遗址出土的人形陶壶　　　　　　　　　南宝力皋吐聚落遗址出土的石骨朵

　　陶器最常见的组合是筒形罐和壶或叠唇罐，个别组合出现了钵或尊形器。彩陶器有双耳壶、龟形壶等，纹饰为黑色的几何纹、平行直线、动植物纹等。陶器上繁复而写实的附加堆纹以及精致对称的复线几何纹与彩绘，表现出草原地带先民们丰富多样的生活景象和创造力。

　　人形陶壶口径15.6厘米、腹径39.2厘米、底径12.4厘米、高23.5厘米。壶体为细砂质陶，表面涂泥抹光，红褐色，局部因烧制不匀留有黑斑块。斜高领，敞口，圆唇，椭圆腹，下腹部装对称桥形耳，平底。壶领内折，呈倒三角斜面，在面上堆塑刻画出五官，腹部鼓凸，臀部外耸。

　　石骨朵为多角星形石，外圈的多角内又以浮雕的形式叠加了一圈小的多角星，小多角星的尖角正对着大多角星两个尖角之间，两个多角星的中心是圆形的孔，可以装木柄，很可能是类似于权杖头之类的礼仪用品。

在这里发现的冠饰出土时很紧密地套箍在遗骸头颅上，形状近似于帽子。每顶冠饰由十几片骨片组成，骨片表面可能还附有兽皮或编织物。骨片是将动物肋骨、獠牙和犄角剖割成弧形条片，每个骨片两端都有孔眼，其长短、弧度非常讲究。这里还发现以蚌壳制作成的冠饰，形状与骨制的相似。发掘者认为冠饰可能与该地区原始族群狩猎的生活习惯有关。联系到此地存在频繁的对外交流，我想也不排除与族群之间的争斗有关。

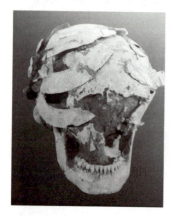

南宝力皋吐聚落遗址出土的带冠饰的人头骨

南宝力皋吐遗址出土的刻纹长骨

骨器中，骨梗石刃刀极为珍贵。这是我国境内发现的最早的骨梗石刃刀。

南宝力皋吐出土玉器的质地多为透闪石-阳起石类的软玉，颜色以青色、白色、青白色为主；此外还有绿松石、叶蜡石、玛瑙石等类玉的美石及煤精制品。出土玉石器的位置多见于人骨的头部两侧、胸前或散落在周身，可知其性质应为墓主生前随身佩戴的装饰品，而非类似红山文化玉器所具有的宗教祭祀和礼仪功能。除装饰品外，斧、锛等工具类玉器也都有使用痕迹，说明南宝力皋吐先民更加注重玉石器的实用性。这里的玉器，不论从工艺、器形，还是用途，都比红山文化落后。

出土遗物反映的经济生活和对外交流

考古资料表明，早在5000年前，科尔沁草原已经是我国古代北方先民活跃的历史舞台。这里出土的石耜以及石磨盘、石磨棒表明，当时已经有了比较发达的种植业，但渔猎和采集仍占有一定比重。

南宝力皋吐遗址的发掘证明，在新石器时代晚期，内蒙古东部的科尔沁草原与东北东部地区就已发生密切接触。不仅如此，在南宝力皋吐出土的遗物中，还反映出该地区南与山东，西与新疆、甘肃，北与俄罗斯等地存在文化交融现象。这种现象十分重要，值得认真研究。

前面说过，南宝力皋吐古代聚落的居民是单一的族群，抹光深腹筒形罐和形态各异的动物造型陶器群，形成了这一遗址独特的文化特征，然而在出土的器物群中，网纹筒形罐、高领双耳壶、尊形器等有辽西地区的小河沿文化的特征，竖条形堆纹筒形罐、叠唇弧腹罐、复线几何纹陶壶等属于辽东地区的偏堡子类型文化的器物，横条形筒形罐、复线几何纹鼓腹罐等则有东北部嫩江流域小哈拉一期遗存的特点。此外，这里出土的玉角璧（有人称为玉璇玑），是山东大汶口文化的典型器物，在辽东地区也有发现；这里发现的火烧墓和叠肢葬等墓葬形式，在同时期的中国西北与河西走廊一带也出现过，因此，这里同以上两地也应存在某种联系。

　　该遗址所体现的多元文化现象可能与当地特殊的地理条件和自然环境有关。今天的人们很容易把古人想象成很少移动的定居者，所谓"安土重迁"，实际上古人也很可能有不少的"旅行家"，甚至是成批的旅行者。古代没有电视机，也没有互联网，所以那些不同文化风格的器物，应该就是这些旅行者携带来的。南宝力皋吐所处的地区具有文化通道的作用，是东北平原与内蒙古高原，甚至东西伯利亚地区往来的交通要道，所起的作用也类似于今天的驿站，八面来风，肯定也会使这里的居民在物质生活方面受到深刻的浸染。

　　然而这种交流和浸染未必是完全和平的。南宝力皋吐墓葬中的人骨不乏断头、腰斩、身首异处和创痕累累的迹象，墓葬内随处可见大把锋利的箭镞、骨刀、骨剑和石球等杀伐武器，有的墓葬还有人头随葬，从中不难推测出，这一时期战争应该

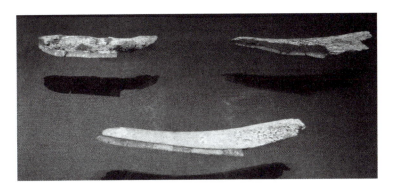

南宝力皋吐出土的骨梗石刃刀

是频繁和残酷的，这里出土的石骨朵似可视为象征军事权威的
礼器，而那些所谓的冠饰也完全可能是用于防卫的头盔。

灾变现场的考古重现：访哈民遗址

从赤峰北上通辽，路上要经过两个重要遗址——哈民和南
宝力皋吐。两个遗址都很有意思，但因为南宝力皋吐更远，所
以我先赶去看完南宝，再赶往哈民。按我的时间计算，一个下
午看两个遗址公园完全来得及，但不料赶到哈民时，工作人员
已经下班了。他们正常的下班时间应该是四点半，但因为是淡
季，所以四点前人都走了。没有现场看到，我很感沮丧，但好
在这个遗址是我大学时的学兄、七七级考古班留校任教的朱永
刚教授主持的，他介绍我使用哈民遗址公园官网的图片，我才
能够完成此文。

哈民遗址概说

哈民遗址位于内蒙古科左中旗舍伯吐镇东南，距通辽市区约50公里。遗址介于西辽河及其支流新开河之间，地处西辽河平原东部、科尔沁沙地腹地，平面呈不规则椭圆形。2010年5月至9月，为配合通（辽）—霍（林河）铁路复线建设，内蒙古文物考古研究所会同通辽市科左中旗文物管理所组成联合考古队，对铁路沿线进行文物调查，发现该遗址正在被盗掘，此后内蒙古文物考古研究所联合吉林大学边疆考古研究中心对哈民遗址进行了有计划的大规模考古发掘工作。

哈民考古遗址已探明的核心区面积有17万平方米。目前已经发掘面积8200余平方米，清理出距今约5500年到5000年的新石器时代房址81座、灰坑61座、墓葬14座、环壕2条、人骨遗骸205具，出土陶器、玉器、石器、骨角蚌器等珍贵文物2000多件。

这一遗址是中国考古工作中首次在北纬43度以北地区发掘的大型史前聚落遗址，其规模之大、保存之完好、出土文物之丰富、遗迹现象之震撼，在世界史前考古中也是极为罕见的。该遗址的发掘，为了解和研究新石器时代中晚期科尔沁地区的社会形态、经济生活、宗教习俗、建筑技术、生产方式、制陶工艺等提供了鲜活的实证，是一座惊人的史前文明宝藏。2011年，该遗址被国家文物局评为"全国十大考古新发现"，被中国社会科学院评为"中国六大考古新发现"。

令人惊骇的死亡现场

哈民遗址的房屋居址是成排或成组分布的，有规整统一的空间布局，属于完整的史前聚落形态。与其他遗址不同的是，哈民遗址的房址内发现了大量凌乱堆弃的非正常死亡人类遗骸。比如2012年前清理的54座房址中，就有8座的居住面上发现人骨，特别是其中一座（F40）面积仅18平方米的房址内，就发现了97具人骨遗骸，人骨层层叠压，有的部位多达三层，看上去惊心动魄。此外，在清理的木质结构的坍塌房址内，多有人骨遗骸，F32的人骨达13例。这些房屋多经火烧，似乎是因火而放弃的。

哈民遗址F40中的97具人骨遗骸

这些人骨有成年人也有儿童，有男也有女。按哈民遗址的规模和居住人群的数量，这类人骨所显示的人口死亡率太高了！另外，哈民遗址是发现有真正的墓葬的。这类墓葬都有墓圹。6号墓葬为圆形土坑竖穴墓，其余的均为长方形土坑竖穴墓，墓穴较浅。6号墓葬为三人仰身屈肢葬，余下的墓葬都是单人仰身叠肢葬。而出土人骨的房址都是住人的，伴随着这些死者的，还有日常生活用品以及成套的工具与装饰品。结合这些人骨的位置、姿态以及死亡年龄段，考古学家推断聚落内的死者是一场突然降临的灾难的牺牲品，而非正常死亡；且这场灾难是在短时间内发生的，房址内保存的人骨应为同一时期的遗骸。

灾难原因的追索

明确了是灾变，那么到底是天灾、还是人祸，让这个大型聚落快速败亡了呢？

研究者首先排除了战争。因为如果是战争，势必会有大量的人骨创伤，如砍痕、断痕、裂痕等，但哈民人的骨骼上并没有发现明显创伤，这就排除了战争杀戮造成的死亡。

其次是洪水、地震等自然灾害。哈民遗址地处比较平坦的沙坡地，且距离河道甚远，气候相对干旱，发生大地震、大洪水等毁灭性自然灾害的可能性不大，发掘中也未见淤土、水渍以及洪水裹挟的堆积物，未见因地震而形成的断裂、移动等地层变化，所以也可以排除这类原因。

第三种是火灾。遗址中的房屋确有过火现象，但考察当时的房屋建筑，不可能这么多的人、并且有那么多的壮年人同时被大火堵在屋内，或者说在火起时，这些人其实已经失去了逃生能力。

排除了这几种可能，造成哈民人大批死亡的原因，最有可能的就是瘟疫了。哈民的幼儿和少年个体死亡率分别为12.5%和11.5%，是灾难来临时的主要受难群体，从一个方面说明了未成年人免疫力较低，更容易受到传染病或瘟疫的侵害，从而证明哈民人极可能是由于瘟疫而惨遭灭顶之灾。

　　对于97具白骨为何会堆叠在同一个房间，合理的解释是：瘟疫来势汹汹，哈民先民有可能发现了疾病可怕的传染性，因而将染病的人聚集在此进行隔离，但由于找不到治疗方法，这些隔离病人最终死亡于此；也有可能是病死的人太多，来不及埋葬，只好将他们的尸体集中堆放于此；还有可能是健康的人发觉无法遏制疾病的传播，陷入恐慌，因而放火烧毁了这个聚落，弃之而去，那些染疫的病人哪怕没有死亡，也只能葬身火海。

哈民遗址出土的石壶

哈民遗址出土的圆角方形玉器

那么，又是什么瘟疫造成如此巨大的死亡呢？研究者结合遗址内发现的动物骨骼，发现当时人们狩猎食用的动物中，有很大一部分是各种鼠类，因此高度怀疑当时流行的疫病是鼠疫。

哈民聚落的文化经济状况

在哈民聚落被瘟疫摧毁前，科尔沁地区远非如今的荒凉沙地，而是气候温暖，植被丰茂。5000多年前，哈民人在这片土地上日出而作、日落而息，哈民遗址出土的粟、黍、大麻种子和大量的石器与骨器，如石斧、石耜、石磨盘、石磨棒、石镞、石刀，以及骨柄石刃刀、骨匕、骨针、骨锥、骨鱼镖、骨鱼钩等表明，当时的居民种植旱地作物粟和黍，农业已经比较发达，但狩猎和渔捞仍是重要的生存手段。

哈民遗址出土的陶猪

哈民遗址出土的陶器，最主要的器型为带麻点纹的筒形罐、壶、钵、盆，也有少量的丫形器、陶饼等。陶器质地上，绝大多数为砂质陶，也有少量的泥质陶和夹蚌陶。泥质红陶见有少量的彩陶片，可见的纹饰有横向条形黑彩纹和弧线对顶三角黑彩纹。尽管哈民遗址出土的陶器、玉器表现出与红山文化有一定的联系，但其陶器组合与纹饰具有自己的显著特征，故此发掘者倾向于将其定名为哈民文化。

哈民的居民已经具备一定的审美情趣，出土的蚌饰、蚌链等蚌器装饰品表明他们已熟练掌握打磨、钻孔、定型等技术。哈民遗址出土的玉璧、玉璜、玉坠饰等造型精美。面积较大的房址中出土玉器最多，说明当时的哈民人已经有了身份的差别，出现了不同的等级。

哈民遗址内十几座保存较为完整的木质房屋构架遗迹，再现了新石器时代半地穴式房屋形态和建造模式，在世界范围内的史前聚落遗址中尚属首次发现。其中最大、最完整的32号房址，根据清理出的木质构架痕迹的结构和形态，可以复原房屋顶部的架构是梁、柱、檩、椽相结捆绑、咬合而成，梁位于房址中部，四角由承重柱支撑，檩子搭在主梁上，一端接地，一端聚向中间，檩子之间等距铺设椽子。这一发现为复原史前房屋的建筑方式及结构，提供了确凿的实物依据。

哈民遗址在聚落的周围发现了外壕，其主要功能是防御。内外两条环壕相距约5米，北区环壕东西长约350米，南北长270米，深约2米，呈椭圆形封闭状态。环壕的建设可以抵御其他聚落的进攻和侵扰，可见当时已经有了部落间的争斗。

哈民房址的木结构梁架遗迹

遗址发掘后，已经在原地建起哈民考古遗址公园。这个公园面积达25万平方米，是迄今内蒙古及东北地区面积最大的一处史前村落遗址保护区。在展示馆里，可以近距离参观5000多年前的几十座房址遗址、房屋结构，想象哈民先民在这片土地上安居乐业，良好的环境和规整的聚落，给了他们幸福的保障。然而，灾难突如其来，这处聚落遭遇灭顶之灾，渐渐被荒野湮没，直到几千年后，才由考古学者发掘出来，并探求其灭绝的原因。

最早玉器在何处：访小南山遗址

结束了通辽附近的遗址走访，我便驱车赶往哈尔滨，预备访问金上京遗址。由通辽到哈尔滨的距离是500多公里，等于横断半个东北大平原，汽车行驶在高速公路上，两边是平坦辽阔的平原，大片的玉米地，此刻秋收在望，高大的玉米秆已经微微泛黄，由此可以体会到所谓的北大仓是个什么概念。

到了哈尔滨，肯定要先去博物馆看看。本来以为黑龙江省博物馆会有本省的通史陈列，但赶去博物馆，发现并没有这样的陈列或展览，不觉大为失望。不过令我高兴的是，馆内正有一个《玉见南山：饶河小南山遗址出土文物展》。饶河小南山这个遗址我早有印象，这次东北之行本打算专门去一次，但听人说小南山当地已经基本看不到什么，此刻既然在省博看到了出土文物展，也就不必再跑上一千多公里，去当地考察了。

小南山在哪里？

如果简单回答，小南山是位于黑龙江省饶河县乌苏里江左岸的一座高百米的孤立的马鞍形小山，这里发现了目前黑龙江省乌苏里江流域最早的亦是最重要的多时期古代遗址。进一步介绍，这一处遗址还是目前我国最东端、又是纬度最高的一处最早的远古遗址。说最东，它地处东经134度1分16秒，再往东就是中俄界河乌苏里江了；说最北，它的纬度是北纬46度47分13秒，比有名的昂昂溪遗址还要偏北1度；说最早，这里发现的陶片，最早的可以早到13000年以前。所以说，这个饶河县城边上的小山可是有着太大的意义了！

小南山遗址最早发现于1958年。自1971年开始，黑龙江的考古工作者便在此开展小规模的考古工作，出土了大量的石器、陶器、骨器、玉器，但当时对其的认识不到位，以为这里是新石器时代晚期人类生活的地方。

1980年，小南山遗址有了新的发现。当年，位于小南山西南山根的造船厂施工时，发现了一些动物骨骼和两颗动物臼齿，中国科学院古脊椎动物古人类研究所的专业研究人员在黏土夹砾石的地层中，找到了旧石器和猛犸象骨器。经碳14测定法测定，猛犸象生活在距今13000±460年。

此后的1991年又在这里发现了墓葬。墓中出土有玉器、石器、牙坠饰等随葬品。从2015年开始，黑龙江省文物考古研究所会同饶河县文物管理所连续在此展开发掘，取得了黑龙江流域考古研究的历史性突破。目前已确认该遗址的文化遗存时间跨度长达15000余年，同时在这里还发现了东亚地区最早的玉器。

2019年10月7日，小南山遗址被国务院公布为第八批全国重点文物保护单位。2020年5月，小南山遗址入选"2019年度全国十大考古新发现"。

小南山出土了什么？

迄今为止，小南山遗址总揭露面积1600平方米，已确认存在五种不同时期的文化遗存。

第一期遗存发现5000余件打制石器和珍贵的早期陶片。石制品以两面器和大量石片为主。陶片火候较低，夹砂，内外有压印草痕。遗存的年代为距今约17000—13000年，与1980年在小南山南端发现的猛犸象牙齿同时。

第二期遗存以50余座土坑竖穴墓为代表。墓葬的墓坑大小不一，人骨保存不佳，随葬有石、玉、陶器。墓葬上方均有封土积石，其积石的方式又有所不同：南部以单体封石为主，即每座墓葬各有自己的积石封墓；北部则以整体封石为特点，所有的墓葬都被压在同一石堆之下，仅直径5厘米以上的石块就有13000余个，最大者近200公斤，总重量达14吨多。此期的石器有筒形器、双面尖状器（矛）、端刮器、石叶及其制成的长镞、磨制的镞等；陶器主要为夹砂的罐和小杯类，表面黄褐色，内芯多为黑色，质地非常疏松，外表饰有斜向压印梳齿纹构成的条带，个别唇部也饰压印梳齿纹。从考古学文化特点出发，结合碳14测年数据，确定该期遗存的年代为距今约9200—8600年。

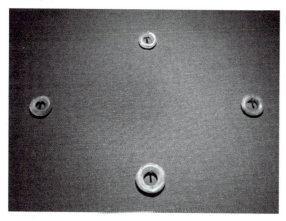

小南山出土的玉环

第三期遗存是由10余座半地穴房址组成的村落。目前仅发掘房址1座，出土器物主要为平底筒形罐。陶器表面纹饰繁缛，以细密篦点纹为底，上加划涡旋纹。该期遗存的年代约为距今4700—4500年。

第四期和第五期遗存年代更晚，遗迹均为半地穴房址。从发掘的三座房址的出土器物看，第四期遗存以颈部饰折线纹的陶壶为代表；第五期遗存以素面陶壶为特征。这两期遗存的时代分别属于西周中期和西汉时期。其文化内涵在我国境内此前从未发现，小南山的发掘为这类文化遗存的发现与研究提供了资料。

小南山遗址最重要的发现，是提供了东亚地区系统用玉的最早证据。小南山遗址发掘出土玉器已有120余件，加上以往的发现，总数已超过200件。玉器的种类包括玦、环、管、珠、扁珠、璧饰、锛形坠饰和玉斧等，构成了已知中国最早的玉文化组合。这些玉器上多见砂绳切割技术留下的弯曲条形痕迹，是目前世界最早的发现。

小南山的意义在于何处？

小南山的意义，可以归纳为以下三点：距今约17000—13000年的早期陶器、距今9000年左右的大规模史前墓地和东亚地区最早的玉器。

先说陶器。小南山遗址出土的陶器为研究北方陶器产生提供了新证据。过去提到早期陶器，资料一般都是在长江以南、雪峰山以东的中国地势第三阶梯的丘陵地区，包括江西万年仙人洞与湖南道县玉蟾岩、浙江浦江上山、广西桂林甑皮岩等地，而今在极东极北的乌苏里江边也发现了13000年以前的陶器，从而为我们展现出一幅更新世末期乌苏里江流域人群活动的立体画面。

再说墓地。小南山第二期遗存距今9000年前后，时间上比中原地区的裴李岗文化和大地湾文化还要稍早，但这里已经形成明确的墓地分区，并有不同的积石埋葬，表明当时的社会已经有了比较严密的组织形式。这个发现也是很重要的，表明僻居东北一隅的新石器时代早期人群，已经有了不落后于中原地区的社会形态。

最后说玉器。新石器时代后期，中国用玉高度发达的文化是北方的红山文化和南方的良渚文化，然而，这种用玉文化的源头在哪里？过去一般认为是源于北方地区早于红山文化的距今8000—7000年的兴隆洼–查海文化，而今，小南山的发现，不仅将用玉的年代上推了1000多年，且在地理位置上，又向北推进了1000多公里，从而颠覆了以往对玉器起源的认知。这里的砂绳切割制玉技术后来成为红山、良渚玉工的主打工艺，可以说是在这里奠定了中华玉器文化早期蓬勃发展的技术基础。而且，小南山遗址出土的饰物中，软玉占半数以上，玦、环、匕等重器比率更高，体现了小南山人对润泽的软玉的重视，赋予其巨大的象征性意味。距今9000年前，就有这样的社会意识，其意义是不言而喻的。

小南山遗址出土的13000年前的陶片

小南山遗址出土的玉玦

桂叶形石器，奥西波夫卡文化的典型器物

小南山遗址的发掘成果，使我国在东北亚考古学研究方面有了可以同俄罗斯、日本对话的材料，结束了相关研究一直是国外的专利的状况。据研究，小南山一期遗存陶器中的梳齿纹和器物口沿及上部饰纹的风格在乌苏里江上游新开流-鲁德纳亚文化以及孔东文化中也有体现，但小南山陶器上的纹饰和构图更加简单；一期遗存中的双面尖状器是黑龙江下游旧新石器时代过渡时期的奥西波夫卡文化中最流行的器物，因此小南山遗址的早期遗存填补了奥西波夫卡文化和新开流-鲁德纳亚文化及孔东文化之间的空白，代表了一支以往未被识别出的新的考古学文化。小南山二期遗存文化特征与俄罗斯境内的沃兹涅谢诺夫卡文化相同，这是在我国境内首次发现的具有明确层位关系的此类文化遗迹，扩展了该文化分布的南界。在这个意义上，小南山遗址的发掘，对构建黑龙江下游乃至滨海地区考古学文化序列方面，意义是十分重大的。

　　乌苏里江流域与三江汇合处历来被认为是古代肃慎的故地，而今这里是赫哲人的主要聚居地，但是在今天的研究中，恐怕不好将小南山的遗存简单地同这些民族比附，尤其是9000年前的遗存。它们的创造者是谁，还真是重大的学术问题。

访金上京遗址，说女真兴衰

　　我的东北访古之行确定要踏访的城市——哈尔滨是重要的

一站，因为著名的金上京会宁府遗址就在黑龙江省阿城县，也即今天的哈尔滨市南部的阿城区。我要寻访金上京的远因，来自《说岳全传》。

我读《说岳全传》大概是在小学三四年级的时候，后来上大学的时候，又读到"靖康耻，犹未雪。臣子恨，何时灭"的诗句，所以对金国这个女真人的政权颇有兴趣：这样一个苦寒地区的政权，怎么就把繁荣的北宋灭掉了呢？徽钦二帝被掳往的，是金国的上京。学考古之后，知道金国的上京会宁府遗址就在阿城，一直想去看看，但过去苦无机会，此时有东北的访古之行，当然要将其放在重要地位。到哈尔滨的第二天，我就专门驱车来到哈尔滨城南40多公里的金上京遗址，一观究竟。

骁勇善战的女真

金朝（1115—1234），是中国历史上由女真族建立的统治中国北方和东北地区的封建王朝。史家一般认为，女真是靺鞨部落中的一部分，靺鞨中的粟末靺鞨在8世纪初建立渤海国，靺鞨中另有一部分被称为"黑水靺鞨"，居住在黑龙江的中下游地区。女真人就起源于黑水靺鞨，完颜氏是女真人中的王族。女真族后来从长白山移居到黑龙江中游，而完颜部就定居在完达山。在完颜乌古乃时期，女真形成军事部落联盟，臣服于辽。辽国晚期朝政混乱，鱼肉女真百姓。1112年，天祚帝赴长春州与女真各族的酋长聚会，对各酋长肆行侮辱，女真首领完颜阿骨打（完颜旻）决意反抗辽廷。

1114年9月，完颜阿骨打誓师来流水（今拉林河），开始了为期十年的伐辽战争。女真军队先后在宁江大捷和出河店之战中击败辽军，次年夏历正月元旦，阿骨打在按出虎水（阿什河）之滨的"皇帝寨"（即今天的阿城）称帝，国号大金，建年号为收国，是为金太祖。金太祖建国后，兵分两路，展开灭辽之战。北宋则与金国定下海上之盟，联合攻打辽国。1123年金太祖去世，其弟完颜吴乞买（完颜晟）继位，即金太宗。1125年金灭辽，随即发动攻宋之战。

女真武士像

攻宋金军以骑兵为主，步兵次之。骑兵一兵多马，惯于披挂重甲，除冷兵器外，还使用火炮、铁火炮、飞火枪等火器作战，所以战斗力很强。北宋宣和七年（1125），金军分东、西两路，分别由完颜宗望、完颜宗翰率领，南下攻打宋朝。靖康

最盛时期的金国疆域

元年（1126）两路军会师，攻克汴京。宋徽宗和宋钦宗二帝以及赵氏皇族、后宫妃嫔与朝臣等共三千余人被掳往金国首都，也就是上京会宁府献俘。从此徽、钦二宗到死也没有回到南方。

北宋灭亡时，康王赵构逃过一劫，在宋朝南京应天府（今河南商丘）称帝，重建宋朝，是为南宋。金朝多次派完颜宗弼（即金兀术）等将领率军南征，宋高宗继续南逃到江南，在宋将岳飞、韩世忠与张浚的努力下，才使南宋转危为安。最后金朝迫使南宋称臣，并且让西夏、高丽等国臣服。其鼎盛时期，疆域包括东北、华北、关中、中原和黄淮地区以及俄罗斯的远东地区，南至大散关至淮河一线，与南宋对峙；西北与西夏接壤；东北地区达外兴安岭，东临日本海。

金上京，便是完颜阿骨打开国时的首都，位于黑龙江省哈尔滨市阿城区南郊，阿什河左岸。完颜阿骨打在位期间，因战事繁忙，并未在此修建宫殿。金太宗继位后，于1124年命汉人卢彦伦主持修建都城。之后金熙宗完颜亶（1135—1150在位）仍以此为都。1153年，海陵王完颜亮迁都大兴府（今北京西南），是为金朝第二个都城，称"中都"。在迁都燕京（中都）后，海陵王于1157年下令毁上京，又下令撤销上京留守衙门、罢上京称号，只称会宁府。金世宗大定十三年（1173），复以会宁府为上京。金上京是金国实力上升时期的首都，是集辽、北宋两国财力建立起来的，作为都城，历经金太祖、金太宗、金熙宗和海陵王四帝，共38年，是当时中国北方的政治、经济、文化的中心，亦是当时东北亚的大都会。

金上京的规模与遗迹

站在金上京遗址上，远近皆是庄稼，已经看不到什么，所幸旁边即是金上京历史博物馆，所以我们可以通过出土的遗迹遗物，全面了解遗址情况。

金上京会宁府遗址平面呈曲尺形，总面积约6平方公里，以西城垣为边，由南北相邻的两个长方形城池组成。南北相隔的城墙俗称腰城或腰垣。城垣为夯土版筑，外城垣周长约11076米，含腰垣的城垣全长约12708米。考古勘探发现外城现存马面

83座，城墙拐角及南北两城隔墙连接部位建有角楼，共计7座。发现有城门12座，其中北城北墙、东墙、西墙各1座，南城北墙、东墙、西墙各1座，南城南墙3座，南北城之间隔墙3座。个别城门外带有椭圆形瓮城。城墙外及二城间的隔墙（腰墙）南侧有护城壕。

皇城（宫城）乃仿照宋朝的汴京建造，位于南城内西北部，平面为长方形，南北长649米、东西宽503米。皇城南门（午门）两侧现仍存有两个高约7米的土阜，对峙而立，称为阙。两个大土阜间又有两个小土阜，各高约3米。大、小土阜间是皇城南门的三条通道，中为正门，两侧为左右阙门。考古勘探确认皇城北、东、西三面城墙上亦各有1座门址，北门和南门相对，东门、西门大致处于东、西两墙中部偏南位置。皇城内以廊庑址分隔成三个区域，中部为宫殿区，自南向北有五重宫殿基址整齐地排列在皇城南北中轴上，东、西两侧为配殿区。当年宋徽宗被作为俘虏送至上京，应该就是在此朝见金太宗的吧？

2021年对金上京遗址皇城东门址进行的考古发掘表明，皇城东门址系由南、北墩台和门道组成，整体呈殿堂式结构。两墩台东西分别长14.1～14.2米，南北分别宽7～7.1米，四周有宽约0.4米的包砖。每个墩台上分布两列三排6个方形的磉墩，边长约1.5米左右，两侧墩台构成了单开间两进深的布局。中部为东西向单门道，门道底部为夯土筑基，有多层路面，门道宽约3.8米。门址两侧的城墙为夯土筑，发掘部分东西宽2.2～2.9米，现存高1～1.4米，两侧为宽0.6米的包墙砖，墙下有砖砌散水。城内门前南北两列建筑基址对称分布，东西走向，南北两侧出檐，为廊房类建筑。南北两侧建筑址以一座门楼（牌楼）建筑相衔接，该牌楼与东门址东西向相呼应。

　　发掘揭示的城内道路和排水系统较为完整。排水系统以明沟和暗渠相结合，排水设施特征显著，年代大致有早晚两期，这也同海陵王废上京、金世宗复上京的史实相合。

金上京遗址出土的枪头砖和龙纹雕砖

　　金上京内出土器物以建筑构件为主，包括大量砖瓦和装饰性构件。瓦有板瓦和筒瓦、滴水及瓦当。瓦当的纹饰主要为龙纹、兽面纹和花卉纹。其他有套兽头、螭首、鸱吻、人物塑像等残件。此外也有少量的陶瓷器、金属器。陶器为泥质灰陶，有罐、盆等；瓷器有碗、盘、碟等，以定窑白瓷为主。铁器有铁钉、斧、刀和锁等；铜器有铜环等。发现的铜镜为圆形持柄式，纹样为仙鹤人物故事，柄部有官府刻款验记。

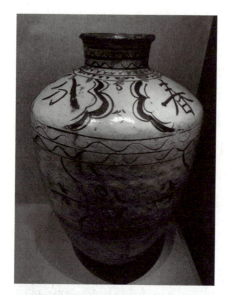

金上京遗址出土的"春分壹谭"款瓷坛

金上京遗址出土的套兽脊饰

大金国的衰亡

在金国历史上曾经有过两次迁都，一次是海陵王的迁都中都（今北京），另一次是金宣宗时的迁都南京（即北宋首都汴梁，今河南开封）。随着都城的南迁，金国的汉化程度逐渐加深，国势却日渐衰落，同时军事能力衰退，最终归于灭亡。

金熙宗在位后期，不理朝政，滥杀无辜，1150年被右丞相、海陵王完颜亮所杀。自行称帝的完颜亮是完颜阿骨打的庶长孙，称帝后对宗室猜忌甚深，金太宗的后代差不多被他杀尽。为免受女真贵族牵制，他迁都燕京，是为中都，又亲自攻伐南宋。但此时西北契丹族叛变，镇守东京辽阳府的葛王完颜雍自立为帝，并移居中都，即金世宗。尽管如此，完颜亮仍然执着渡江，进攻南宋，但是其先遣部队在采石之战中被宋将虞允文击败，船舰也被宋军烧毁，金军发生兵变，完颜亮被杀，宋军收复淮南地区。

金世宗及其后的金章宗前期，政治上汉化加深，文化十分发达，史称"明昌之治"。然而金章宗过度重视文事，加上外戚干政，导致国力下滑，而黄河泛滥与改道也加剧了金朝国势的衰退。此时金朝军事逐渐荒废，北方蒙古诸部兴起。1206年，成吉思汗统一大漠南北，建立大蒙古国。成吉思汗知道章宗之后的皇帝完颜永济是个无能之辈，于是成吉思汗先攻打西夏，以拆散金夏同盟。西夏向金朝求援，完颜永济坐视不救，西夏遂向蒙古臣服，并转而伐金。

金上京遗址出土的金器与"上京路副总押荒字号"铜印

1211年，蒙古发动蒙金战争，金军屡败。金宣宗不顾诸大臣反对，于1214年迁都南京汴梁，重用术虎高琪，南征南宋、西征西夏以扩张领土，但此时金朝其实已是四面楚歌。1231年蒙古窝阔台汗发兵伐金，渡黄河直攻汴京，金宣宗之后的金哀宗放弃汴京，迁都归德府（今河南商丘），之后又逃往蔡州。1234年正月，蔡州岌岌可危之时，金哀宗将皇位传给统帅完颜承麟，是为金末帝。此后蔡州城陷，金哀宗自杀，末帝死于乱军中，金朝覆亡。女真族的下一次崛起，要到400年后的满清了。

访渤海上京，说渤海古史

在金上京遗址上遥想宋徽宗在金国宫殿的遭遇的时候，另一个"上京"也闪现在我的脑海，这就是渤海上京龙泉府。地理意义上，上，就是北。据我不完全的记忆，中国历史上的几个"上京"都在北方，除了辽上京和元上都分别在内蒙古巴林左旗和正蓝旗外，另外两个都在黑龙江，前面说过的金上京在阿城，而渤海的上京在牡丹江市的宁安。

此次东北访古之行，我从哈尔滨取道鸡西，东抵中俄交界的兴凯湖，本拟游览兴凯湖，并访问湖上的新开流遗址之后北上，访问饶河小南山遗址。但小南山出土遗物我在黑龙江省博物馆已经见到，故此取消饶河之行，等到达新开流遗址，却见这里已经破败不堪，几处墓葬遗迹淹没在树丛之中，也看不到遗物陈放在何处，无奈只好放弃这一处极东的新石器时代遗址，转而驱车南下，来到渤海上京龙泉府故址——牡丹江市宁安县，找寻渤海国的历史旧迹。

何来渤海国？

说起渤海国，一般人对其可能并不了解。我们在大学本科时，有东北史的专业课，渤海是重要内容，授课老师是东北史专家张博泉先生，我至今对张先生以浓重的东北口音介绍渤海国历史、讲说"粟末水""大祚荣"有深刻印象。

渤海，这个僻处东北一隅的国家，有过辉煌的时刻，并且有着很长一段历史。渤海国的缔造者名叫大祚荣，史书记载其出自依附高句丽的粟末靺鞨部。粟末靺鞨本是东北地区古代民族靺鞨族最南方的一支，生活于粟末水流域。粟末水就是今天的松花江。粟末靺鞨，意思是"松花江流域的山林部落"。

渤海国的铁箭镞

　　大祚荣所属的部族与其南方的高句丽关系很深。唐高宗总章元年（668），唐朝与新罗联合灭高句丽，强行将部分粟末靺鞨人徙居辽西营州（今辽宁朝阳），大祚荣的父亲乞乞仲象（当时为部落酋长）就在这部分粟末靺鞨人当中，大祚荣正是在营州出生并长大成人。武周代唐后，696年（万岁通天元年），契丹首领李尽忠叛周，制造"营州之乱"，次年被平定。当时，居住在营州的靺鞨人也加入了反对武周政权的行列，大祚荣的父亲乞乞仲象还被李尽忠授予"大舍利"的官职。李尽忠失败后，乞乞仲象在逃亡中病故，大祚荣代父率所部继续东奔。武则天派军前往讨伐。697年9月，大祚荣退至天门岭，借助此地的复杂地形，大败武周军队。698年（圣历元年），突厥默啜可汗与武周反目，契丹与奚族依附于突厥，中原通往东北的交通道路被阻隔。大祚荣趁机在东牟山（今吉林敦化西南城子山山城）建立政权，自称"震国王"，是为渤海立国之始。渤海王室"以大为氏"大概也与此同时。

大祚荣为了巩固震国政权，建国之后立即遣使与突厥结盟，又通好南面的新罗，数年之间，势力得到迅速发展，所属人民囊括靺鞨、高句丽、汉、契丹、奚、突厥、室韦等民族，有户十余万，胜兵数万，成为当时东北地区举足轻重的政治力量。705年，唐中宗复位，派侍御史张行岌招抚大祚荣。大祚荣接受招抚，向唐朝称臣，并遣次子大门艺随张行岌入侍，留为宿卫。唐玄宗李隆基即位后，于公元713年（先天二年）拜大祚荣为左骁卫大将军、渤海郡王，并且以其所统之地为忽汗州，加授其为忽汗州都督，此后"渤海"成为其新国号。唐朝使节崔忻将册封大祚荣的事迹刻在都里镇（今辽宁旅顺）的一块石碑上，即"唐鸿胪井碑"，成为见证唐渤关系的重要物证。大祚荣在位期间，先后六次派儿子或臣僚入唐朝拜，中原文明开始源源不断地输入渤海，促进了渤海经济社会的发展。

719年，大祚荣去世，其长子大武艺继位，是为渤海武王。大武艺曾出兵反唐，但战果不利，只好撤兵，并送还唐朝俘虏，唐朝予以赏赐，唐渤关系恢复。737年，大武艺去世，其子大钦茂继位，是为渤海文王。大钦茂在位56年之久，期间渤海国势蒸蒸日上，对中原文化的吸收也进入高峰阶段。

上京龙泉府的规模制度

大钦茂在位时大兴文治，模仿唐朝典章制度，在中央设立三省六部，在地方设五京及府、州、县的建制，完善了渤海国中央集权的政治制度。唐天宝十四年（755）前后，大钦茂从中京显德府（吉林和龙）迁都至上京龙泉府。30余年后，复迁至东京龙原府。贞元十年至贞元十一年（794—795）间，其孙成王大华玙又将王都从东京迁回上京龙泉府。从此，上京龙泉府作为都城直至渤海灭亡，前后繁荣达160余年之久。

上京龙泉府仿唐长安城而建。城址略呈长方形，由郭城、皇城和宫城（紫禁城）组成，坐北朝南，总面积16.4平方公里。郭城周长为16.3公里，城垣残高平均2米左右。共设十门，南北各三，东西各二。城内有数条主干大街，其中由内城正南门到外城正南门的大街宽达110米，把外城分成东西两区。区内设坊。坊大小不等，大的长宽分别为465~530和350~370米，小的宽度为235~265米。坊的周围有宽1.1米的坊墙。

皇城位于外城北部中间，呈长方形，周长逾4.5公里，是三省六部等官署所在地，今部分城垣和禁苑遗迹保存较好。禁苑俗称"御花园"，在内城东垣以西、宫城东垣以东，周长约1.5公里，池塘遗迹面积近2万平方米，为一人工湖。池塘东西两侧有假山，北部有八角形亭榭，附近多发现黄绿色釉瓦。

宫城又称"紫禁城"，在内城北部中间，呈长方形，周长逾2.5公里，存有宫墙、宫殿址、石井（俗称八宝琉璃井）等。宫城城垣用玄武岩筑成，残高平均约3米左右。其中的午门址俗称"五凤楼"，是宫城正南门的台基，残高达6米，东西长约60米，南北宽约20米，上有排列有序的圆形础石。午门址两侧各有一处便门址。午门以北有五重殿址，排列在一条中轴线上。第一殿址南距午门址约200米，台基以条石砌筑，高2米左右，其上保存大型圆础石40个，主殿两侧和后面也有建筑遗迹，存础石，殿有宽阔的前庭。由第一殿址往北依次为其他四座殿址。

在上京龙泉府外城内发现10余座古寺址，其中朱雀大街南部东侧两个寺庙址殿基东西长52米，南北宽30.7米，上面础石整齐，四周凿石镶边。附近出土铜佛、陶佛以及建筑装饰品的残件。兴隆寺院内的石灯幢用玄武岩雕琢而成，通高6米，由塔刹、相轮、塔盖、塔室、塔室托、莲花托、中柱石、莲花座和塔基座组成；八角、八面、八窗，塔室与塔盖以斗拱相连。兴隆寺原三圣殿内的大石佛高丈余，身披袈裟，坐在莲花石座上，雕工精细。

渤海上京出土的宝相花纹砖

上京龙泉府遗址出土文物有建筑材料、"开元通宝"铜钱、铜镜、铜钵、陶器、铁器等，佛教遗物以泥塑和铜铸佛像最多，同时出土有丝织品、珍珠、料珠等。建筑材料中，瓦有大型板瓦、筒瓦、釉瓦（小型居多）等；瓦当以莲花纹为主，有六七种样式；砖的纹饰有宝相、忍冬、山丹等；釉瓦以绿色为主，间或有黄色；鸱尾等饰件尚有红、紫、兰等釉色。出土石雕石刻数量较多，以石灯幢最为精致，高约6米，其形似塔似亭。

通观上京出土的遗迹遗物，基本上就是中原风格的再现。不仅宫殿建筑是唐式的，生活用品以及衣物装饰也都与唐人别无二致，渤海贞孝公主墓出土的壁画更是充分地表现出这一点。

渤海国之亡

大钦茂在位时，保持与唐朝的宗藩关系，在安史之乱期间，未卷入叛乱，而是迁都上京、加强与日本联系。762年，刚平定安史之乱的唐代宗便下诏升格渤海为国，册封大钦茂为渤海国王，加授正一品检校太尉，作为对渤海的褒奖，使渤海的地位得到提高。793年，大钦茂去世。其后20多年间，渤海一度衰落，先后经历废王大元艺、成王大华玙、康王大嵩璘、定王大元瑜、僖王大言义、简王大明忠等六代国王，其间政局动荡，屡有宫廷政变发生，废王大元艺即为国人废黜并杀死，大华玙、大元瑜、大明忠等亦可能因政变而即位或死亡。

818年，大祚荣之弟大野勃的玄孙大仁秀即位，是为渤海宣王。大仁秀以后，渤海国势中兴，并进入全盛时期。史书记载"仁秀颇能讨伐海北诸部，开大境宇，有功"，奠定了渤海国全盛时代的疆域。此时渤海国的疆域，南以浿江（今大同江）

和泥河（今龙兴江）与新罗为界，北抵今三江平原一带，与黑水靺鞨相接，东临日本海，西至今吉林与内蒙古交界的白城、大安附近，接壤契丹，是当时东北地区幅员辽阔的封建强国。

830年，大仁秀去世，其孙大彝震继位。大彝震时期进一步营建上京宫阙，并发展与唐朝和日本的经济文化关系，尤其与唐朝往来最为频繁。大彝震不仅14次派使入唐朝贡，还派遣许多留学生学习唐朝文化。唐朝也派张建章访问渤海，受到大彝震的款待。张建章回朝后，著有《渤海记》，详细记录了渤海诸王谥号、年号、官制、地理、交通、物产、风俗等情况，成为研究渤海国的珍贵史料。

大彝震于857年去世，以后又经历了大虔晃、大玄锡两代王，渤海国的文化日臻成熟，被高度评价为"海东盛国"。895年，大玄锡去世，之后的大玮瑎、大諲撰时，渤海国已陷入危机之中，阶级矛盾、民族矛盾十分尖锐，这也给窥伺已久的强邻——契丹国以可乘之机。10世纪初，契丹人攻陷渤海国控制的辽东；925年末，契丹皇帝耶律阿保机率大军亲征渤海国，次年春攻陷上京龙泉府，大諲撰投降，渤海国灭亡。

渤海国灭亡后，其遗民大批外逃或被强制迁移，大部分融入女真族之中；被强迁到契丹内地和辽东地区的遗民，部分融入蒙古族，部分融入汉民族；投奔高丽的遗民融入朝鲜民族中，今朝鲜半岛的陕溪太氏据说就是渤海王室大氏的后裔；投奔中原的遗民数量很少，很快都融入汉民族中。

虽然渤海国的居民因被各族同化而消亡，但渤海国的都城以及墓葬经历了千年多的沉寂后，被逐步发掘出来，它们显示了渤海国曾经的繁荣，告诉今人渤海国的文化面貌。今天在上京龙泉府遗址附近，建有渤海上京遗址博物馆，对渤海历史感兴趣的人可以从中窥豹一斑。

查海遗址的意义：见识8000年前的龙

我的东北访古之行，在结束了渤海上京的考察之后，从宁安西行，到达长春。看望了师友之后，最后一站本来预定的是辽宁阜新的查海遗址，但不巧的是，转到查海的那一天正好是星期一，是全国博物馆的休息日，而我又着急赶回北京，所以就没有访成。幸运的是，我回到北京不久，就收到了田立坤学兄给我寄来的皇皇三大册《查海：新石器时代聚落遗址发掘报告》。有了这么丰富的材料，我决定还是写一写查海。这一篇就算是"纸上访古"吧，毕竟有了它，就可说清楚红山文化的来源，也算是为我的东北访古画了句号。

查海的发掘与发现

查海遗址位于辽宁省阜新蒙古族自治县沙拉镇北查海村西南约2.5公里的向阳台地上，1982年文物普查期间发现。辽宁省文物考古研究所于1986—1994年对之进行了7次考古发掘，已发掘面积7800余平方米，发现的遗迹包括房址、室内室外窖穴、居室墓、中心墓葬和龙形堆石等；出土完整和可修复陶器1177件、石器2411件、玉器44件，以及大量的陶器残片等。经碳14测定并加树轮校正，遗址年代距今约8000—7000年，是我国北方西辽河流域发现年代较早、保存完整、文化内涵丰富的一处新石器时代古人类聚落遗址。

遗址的55座房址布局密集，排列有序，依据建筑方法和布局分析，这是一处精心规划、长年形成的早期部落居住地。其中早期的房址集中在北部，以后由北向南延展，同期房址成行排列，并有中心广场和壕沟。

房址分为大、中、小三种类型。大型房址仅1座，面积约120平方米，中型房址面积40～60平方米，小型房址面积15～20平方米。大型房址处于聚落中央，房内只有少量的生活用器，推测这一大型房址可能是查海居民的聚会场所。由此分析，查海聚落已进入了成熟的、尊卑有序的氏族社会。人们通过这一较大的议事场所研究、决策氏族里的重大事项，甚至是氏族的一切。

几乎所有的房址都是方形圆角，房址的居住面下凹、凿入基岩。在那个没有金属工具的时代，这种凿岩为穴的方法是有很大难度的。当年人们建房时，在房址中间设1～2个灶址，四周分布有序的柱洞，这是查海遗址房址建筑独有的特征。查海遗址的房址多无门道设置，为防御寒冷、抵御野兽和外敌，建筑形式都是屋顶开门。有的房址在南面东端向外突出，推测为出入口。

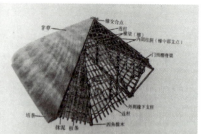

查海遗址的房址　　　　　　　　　　查海房屋的复原图

　　查海遗址没有发现单独的墓地，但在遗址内发现多座墓葬，包括居室葬和居址葬两类，居址葬均位于龙形堆石下方，应同祭祀活动有关；居室葬则是埋在房址的居住面之下，这是一种很有意思的现象。

　　该遗址出土的陶器，大型器皆是粗砂陶，少数小型器见有细砂陶。陶色为红褐和灰褐两大类，均手制，多为泥条盘接和泥饼套接，少数为捏塑。器形以各类直腹或斜腹的筒形罐为主，其他的有钵、杯、纺轮。纹饰主要为附加堆纹和压印的之字纹与几何纹。

　　出土的石器有铲形石器、斧、凿、刀、磨盘、磨棒、研磨器、沟槽器、石球等。制作方法有打制、磨制、琢制和使用自然石块几种。其中的双孔盘状铲形石器很有特色。

查海的龙与玉

　　查海遗址最为重要的发现，是龙的形象和玉器。

　　在查海的聚落中心、大型房址的西南方，用红褐色玄武岩石块摆塑了一条长19.7米、宽1.8～2米的巨型龙形堆石。其龙头、龙颈、龙体、龙鳞、龙爪、龙尾等摆放分明，龙头向西南，龙尾向东北，昂首张口，体如弯弓，尾向后甩，有如正在腾云驾雾。龙的前半部身体宽大，下方用石块堆砌出像足又像云雾的衬托物；由头自身体向尾部逐渐变薄、变少，尾部更加松散细小且上翘，似在云中若隐若现。用于摆塑龙形的石块大小相若，排列有序，龙头、龙身的石块堆砌得比较厚密，龙尾则比较松散，远远看去，红褐色的石块有如龙体鳞片，十分威武。就目前的发现看，这是我国新石器时代年代最早、体量最大的龙，可以称其为"中华第一龙"。

除此之外，考古人员在查海遗址还发现了类龙纹陶片两件，皆为夹砂红褐陶贴塑泥条，饰窝点纹为鳞。这两件龙纹陶片都采用浮雕手法，一为蜷曲的尾部，一为盘旋的龙体。其形象和纹饰已具备中国古代龙形象的基本特征。

龙形堆石位于聚落中心，是很有象征意义的。这里是查海先民集会、祭祀的地方，属于查海聚落的"圣地"。龙形堆石作为查海部落的标志，能够展现出强大的部落形象。查海部落"蛇—大蛇—龙—图腾龙神"的形成与演变，可能就是传统文化中龙图腾形成过程的真实再现。

查海遗址出土了十分珍贵的玉器，其中有玉斧7件、玉凿7件、玉玦7件、玉匕13件、玉管6件、小玉环1件等。这些玉器的质料均为透闪石、阳起石，全部为真玉。玉器加工中，琢磨、钻

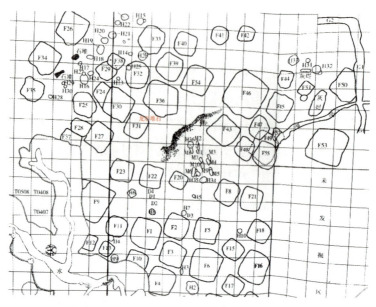

查海石堆龙在聚落中的位置

孔、抛光技术已经相当成熟，玉器制成品小巧精致，加工规整，
实用性强，反映出北方地区新石器时代早期玉文化的特点。重
要的是，查海玉器的年代是在7000年以前，较红山文化要早一千
年，证明这里是我国远古玉器的一个重要的发展阶段。

在玉器的用途方面，既有玉斧、玉凿等生产用具，也有玉
玦、玉管等生活装饰品。还有一类是有特殊用途的，比如7号
房址居室墓出土大、中、小三对玉匕，就可能是一种既能佩戴
又能治疗疾病的用具，类似今天的刮痧玉片。查海的玉玦，有
的出土于房址内的居室墓主人头部两侧。这类墓葬的陪葬品不

多，墓主人却随葬玉匕、玉玦，可能不是为了显示财富，而是表明玉器在这里已初显"德"和"礼"的功能。

据研究，在北纬40—50度的东北亚地区，以辽宁西部为中心，有一个"玦文化圈"。此前辽河流域的兴隆洼、白音察汗等遗址先后有玉玦出土，这次有8000年历史的查海又出土了玉玦。查海玉玦年代早、数量多、功用特定、形制规范，堪称玦文化的代表，闪烁着文明的火花，影响力遍及东北亚各地。

查海的意义

据文物考古工作者调查，在西辽河上游，以查海遗址为中心，周边至少有5处（查海、他尺西沟、贾家沟西、程家梁、朝力马）类型相同的遗址，从而构成了查海文化的遗址群。在查海遗址发现和发掘前后，考古工作者在查海西北150公里外的西拉木伦河南岸发掘了兴隆洼遗址，从而确定了兴隆洼文化。查海遗址与兴隆洼遗址属同一个时代、地域接近，却存在着文化的差异。研究者据此认定，两遗址属于两个时空并存、相互依存的文化类型，因而把以查海遗址为代表的遗存称为查海文化。查海文化是红山文化的直接源头。之所以这样认为，是因为无论从筒形陶器的形制与以压印"之"字形纹为主的装饰，还是玉器与龙形象的出现，以及选在风化基岩上构筑房屋墓葬的习俗，红山文化与查海文化都一脉相承。

查海遗址的文化内涵十分丰富，这既是远古先民的智慧结晶，也是当时生产力水平的集中体现。目前考古学界有一种意

查海遗址出土的玉管和玉环

 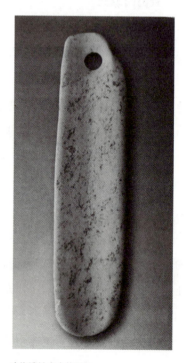

查海遗址出土的玉玦　　　　　　查海遗址出土的玉匕

见，认为可以把这个遗址作为公元前6000—前5000年中国新石器时代文明进程的代表，因而将这一时期称为"查海时代"。在这个时代，查海人制作和使用磨制石器、烧制陶器、建造房屋、重视丧葬，过着农耕定居的生活。

查海人已经有了原始的宗教概念，将崇拜的龙图腾形象塑在陶器上，并用石块将其摆塑在聚落中央；他们熟练地识别、加工、使用玉器，从而展现了历史悠久的玉文化渊源。查海人还有了原始的艺术表现，比如陶罐上的"类龙纹"浮雕图案。其中最典型的，是一个陶罐上的蟾蜍、蛇衔蟾蜍图案：陶罐一侧是逼真的单体蟾蜍浮雕，另一侧是压印出来的蛇衔蟾蜍（蛙）的形象，蟾蜍与蛇的比例匀称，造型完美，实为上古雕塑佳品。

根据发掘者的研究，查海遗址的动物形象有着象征氏族崇拜的特殊含义。查海居民的平均寿命也就是18～25岁，最大年龄仅在50岁左右，故此祈求多子的生殖崇拜是最迫切的。选择蟾蜍、蛇、龙等作为自己的氏族图腾，希求人能够具有蟾蜍那样强大的繁殖能力，并希望借助龙、蛇的强大实力来保护本族，大概是其塑造蟾蜍和龙蛇的真实含义，也由此可以推测查海所属的部落是由蟾蜍和蛇两个图腾氏族构成的，他们又共同崇拜一个神祇，这就是那条巨龙。

总之，查海遗址的发现与发掘中出土的"中华万年龙"、查海玉器等珍贵文物，为探讨东北地区新石器时代文化体系、

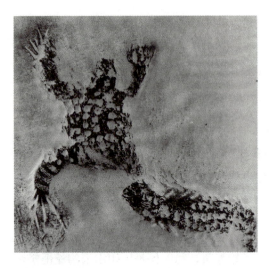

查海蛇衔蟾蜍浮雕的拓片

用玉文化的缘起与发展、龙崇拜的起源等提供了极为重要的资料，展现了中华文明多元一体、兼容并蓄、绵延不断的总体特征，有力地证明了西辽河流域同黄河流域、长江流域一样，是中华文明的发源地之一。

因为在本文的开始，提及查海遗址是在文物普查时发现的，所以在这里要对文物普查做些说明。

中华人民共和国成立后，从1956年开始，至今已开展四次全国文物普查。文物普查与考古工作的专题调查和文物部门平时所作一般性的文物调查不同，主要是为了发现以前未知的文物，复查已登记文物的保护状况。普查队伍由文物、考古专业工作者和文化部门干部、技术人员等组成，如同人口普查，从一个村子走到另一个村子，从一个山头走到另一个山头。在文物普查中，对每处不可移动文物都应实地调查，对新发现的文物，做好文字、照片和图纸等资料工作；对复查的文物，了解自上次调查以来有无变化，逐项记录、拍照，掌握现存情况；普查时还要采集各种文物、标本，征集流散文物。田野普查结束后，对原始材料进行分类、登记、编目、系统整理，分类编辑普查资料汇编、文物分布图、文物分布一览表和文物志等。

文物普查和考古专题调查结合，不仅可以明确一般的文化分布和文物存量，更可以确定重要遗址和新的文化因素，是我国行之有效的文物保护措施。

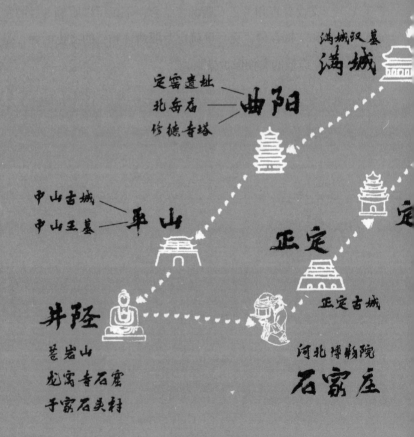

冀中访古记

太行山前说文物

★ 北京

保定 ——直隶总督府
——古莲花池
——大悲阁

开元寺塔
定州古城
定州博物馆

时光倥偬，我从东北回京，转眼就是一个多月了，期间一直思考着下一步访古应去何处。本拟做一次环北京的访古之行，但京北地方天气已经渐冷，故转而决定做一次冀中访古之行。之所以有这样的考虑，是因为张家口的丰富文物带给我的震撼一直没有消退，何况河北省的旅游宣传语"这么近，那么美，周末到河北"不期然地就会看到听到。是啊！河北离我这么近，我对它还真是缺少一点了解呢！

　　我的河北之行规划的路线是，出京后沿太行山前地区南行，经易县、满城到曲阳，之后经平山到冀晋交界的井陉，由井陉转而往东北，经石家庄到古城正定，然后去定州，之后从保定取道房山回京。有这个规划，是因为易县燕下都和清西陵、平山中山王墓、满城汉墓、河北博物院、正定古城都在这个范围，除了易县以外，其他地方都是我长期想去而没有去的。南下的路线基本上是在太行山前穿行，有山地风景可看，最实际的，是这一路线上的文物古迹丰富多样，从新石器时代一直持续到晚清，是很值得认真学习考察一番的。

易水萧萧话沧桑：易县访古

2023年10月的最后一天，我收拾行囊，开始了冀中的访古之行。出京后的第一站是易县。易县距北京不到100公里，其名称得自于易水，就是刺客荆轲高吟着"风萧萧兮易水寒，壮士一去兮不复还"而离开的那条河。易县最重要的古迹当然非燕下都和清西陵莫属，但也有其他的很出色的古代遗迹，比如新石器时代的北福地遗址。这里就以燕下都为主打，以北福地和清西陵分别作为前奏和尾声，介绍一下访古所得。

北福地：早期遗存的意义

北福地遗址是河北北部较早的新石器时代遗址，其最早的堆积要早到8000年前。说起来，这个遗址的发现还与我的母校分不开。1985年，吉林大学考古专业的师生同河北省、保定市的文物工作者联合，调查易水河流域早期人类遗存。一个学生在易县高村乡神石庄村南台地上发现了一块类似于擀面杖的石头，引起了带队老师的注意，由此揭开北福地遗址的面纱。这块石头其实是新石器时代的粮食加工工具石磨棒，这位带队教师就是吉林大学历史系考古专业七七级学生、毕业后留校三年的卜工。

北福地遗址的新石器时代文化遗存，依据地层关系，可划分为三个时期。其中第一期遗存最重要，年代在公元前6000—前5000年，已发现此期的房址、灰坑、祭祀场等遗迹。半地穴式房址排列有序，具有一定规律。其陶器的主要特征是以直腹盆与支脚为典型器，均为夹砂夹云母陶，不见泥质陶，文化面貌与磁山遗址的早期遗存有许多相似之处，与燕山以北地区的兴隆洼文化也相似，年代应大体相当。

北福地遗址第一期的祭祀场平面近长方形，东西长10.8米，南北宽8.4米。这里出土的遗物包括各种类型的石制品、陶器残片、陶刻面具等。10余件陶刻面具大小不一，大的与真人面部等大，小的仅10厘米左右；图案有人面也有兽面，兽面包括猴、猪、猫科动物；雕刻技法为阳刻、阴刻、镂空三种技法相结合，融写实性、象征性和装饰性为一体。面具四周都有小孔，应为系戴时穿绳之用。

北福地遗址出土的陶刻面具

北福地遗址地处新石器时代中原、北方、山东三大文化区的交界地带，是研究新石器时代早期文化发展和交流的重要遗址，这里出土的陶刻面具为研究原始宗教或巫术提供了重要的资料，尤为难得。

燕下都：历史与规模

位于易县县城东南2.5公里处的燕下都是战国都城中最大的一座。燕下都建于公元前4世纪的战国中期，为燕昭王所建，至今已有两千多年的历史。《史记·燕世家》记载，周武王灭商后，封召公于燕，封国在今天的北京及河北中、北部。燕国的都城"蓟"又称上都，在北京西南的房山琉璃河一带。西周春秋时期，燕国的防御重心在北面，要抵御山戎、胡人的侵袭。到了战国时代，燕国要应对来自西方的中山国以及南方各国的威胁，便在易县建立了一座军事重镇，称为"下都"。下都介于北易水和中易水之间，西依太行山，东部与河北平原相接，位置险要，居高临下，便于防守。

燕下都故城呈长方形，东西长约8公里，南北宽约4～6公里，总面积约40平方公里，中部有一条纵贯南北的古河道，相传为运粮河。河东岸有一道与河道平行的城墙，把燕下都分成东西两城。东城平面近方形，其中间偏北处又有一道东西向的隔墙把东城分成南北两部分。东城城墙为版筑夯土城墙，墙基宽约40米，周长约18公里；隔墙的墙基宽约20米，全长4460米。西城即郭城，由北、西、南三道城墙及运粮河组成，其城墙的基宽也有40米，三面城墙全长14公里。燕下都的城墙高大，两千多年后的今天，仍可在地面上见到高大的夯土城墙遗迹。

燕下都落成前后，燕国发生过许多重大的事件，比如燕王哙让位于子之、酿成大乱，齐国攻打燕国、占领其三分之二国土，燕昭王不鸣则已一鸣惊人、筑"黄金台"求贤，乐毅率军反攻齐国、连下七十余城，燕惠王中齐国反间之计、弃用乐毅导致大败，当然还有战国末期燕太子丹派荆轲谋刺秦王。这些大事件使燕下都成为历史发展的重要背景。

燕下都的遗迹遗物

燕下都遗址东城是当时的政治中心。宫殿区在城址东北部，由武阳台、老姆台、望景台三组建筑群组成。武阳台坐落在宫殿区中心，东西最长处140米，南北最宽处110米，规模最为宏大。当时的建筑方式是在地面上用夯土建起高台，再在高台上建造宫殿。从武阳台的规模就可以想象当初燕下都的雄伟及宫殿建筑的豪华。

武阳台与其北的望景台、张公台和老姆台处在一条中轴线上。在武阳台的东北、东南和西南，还有三组大型宫殿建筑遗存。手工业作坊区围绕着宫殿区。今天在武阳台周围发现了许多兵器、铸铁、制玉、烧陶遗址，表明当时燕都经济文化的繁盛。墓葬区设在东城的西北部。西城是为加强东城安全而设的防御性附城，城址内遗存较少。城南的丛葬墓群，是中国唯一的人头丛葬墓，并排着14座人头坑，每个坑清理出人头2000

燕下都出土的陶编钟

多个。关于其来历，有乐毅攻打齐国献俘和燕王哙让国子之导致内乱等不同说法。

从民国初年开始，燕下都就有文物出土。新中国成立后，在老姆台东出土的青铜立凤蟠龙纹铺首（宫门上的装饰品），高74.5厘米，重22公斤，上面刻有龙、凤、蛇等禽兽图案，为考古文物所罕见，燕下都发现的板瓦、筒瓦都十分巨大，由此也可推测宫殿规模之宏伟宽大。在九女台墓葬区发掘的墓葬，出土了陶制九鼎八簋、编钟编磬等成套的礼器，说明这是王族的墓区。在辛庄头30号墓还出土了百余件金银制品，雕饰出牛、马、鹿、熊、怪兽等图案，形神兼备，熠熠生辉。燕下都出土的剑、矛、戟等兵器都很锋锐，证明在战国晚期，中国就能制造高碳钢，并懂得淬火技术。在燕下都遗址采集到的一件铜人，着右衽窄袖深衣，带钩系连腰带两端，中分发式由发带束结，是研究战国时人服饰的重要资料。

燕下都出土的青铜铺首

燕下都遗址采集的青铜人像

清西陵：帝制余晖

清西陵位于易县城西15公里处的永宁山下，周围冈峦起伏，林木葱茂。陵区面积约800平方公里，内有14座陵寝，包括泰陵（雍正皇帝）、昌陵（嘉庆皇帝）、慕陵（道光皇帝）、崇陵（光绪皇帝）4座帝陵，泰东陵、昌西陵、慕东陵3座后陵，以及3座妃陵和4座其他陵寝（怀王陵、公主陵、阿哥陵、王爷陵），共葬有4个皇帝、9个皇后、56个妃嫔以及王公、公主等70多人。陵寝严格遵循清代皇室建陵制度，皇帝陵、皇后陵、王爷陵均采用黄色琉璃瓦盖顶，妃、公主、阿哥园寝均为绿色琉璃瓦盖顶。

清西陵始建于雍正八年（1730）。雍正的陵址本来是选在清东陵九凤朝阳山，但他不满意，命另选"万年吉地"。选陵址者勘察各处后，认为易县永宁山下风水极佳，雍正帝览奏后也认为这里"山脉水法，条理详明，洵为上吉之壤"。此后各代清帝便间隔分葬于遵化和易县东、西两大陵墓。

清西陵陵区内各陵园共用祖山、石牌坊、大红门，周围均用风水围墙和火道、界桩围绕。陵寝布局有主有从，皇后陵和妃园寝均以本朝帝陵为中心，分建左右，自成一区，以体现附属关系，表明陪葬之意。各帝陵神道均与主陵神道相接，后陵神道与本朝帝陵神道相接，形成枝状的神道网络。整个清西陵陵区以雍正帝的泰陵为中心，西面分布着嘉庆的昌陵和道光的慕陵，东面分布着光绪的崇陵、溥仪墓以及阿哥、公主园寝和永福寺等建筑。

　　泰陵是清西陵中建筑最早、规模最大的一座，埋葬着雍正帝及孝敬宪皇后、敦肃皇贵妃。泰陵的神道由三层巨砖铺成，神道上由南往北分布着40多座建筑。第一座建筑物是进入陵区的联拱式五孔桥，桥北为三座高大的石牌坊，之后是大红门、具服殿、圣德神功碑楼、七孔石拱桥、石像生、隆恩门、隆恩殿、方城明楼和宝顶等一系列建筑和石雕。隆恩殿面阔五间，进深三间，重檐歇山黄瓦顶，明柱沥粉贴金包裹，殿顶有旋子彩画，金碧辉煌，属于皇家最高标准的建筑。

　　值得一提的是，溥仪于1967年去世，最初安葬在八宝山，1995年迁葬到清西陵的华龙皇家陵园。在溥仪墓的两侧，一侧是谭玉龄之墓，另一侧是婉容之墓。

　　清西陵四座帝陵中，除崇陵地宫被盗外，均保存完整，泰陵的三座石牌坊、昌陵隆恩殿内的花斑石墁地、慕陵的金丝楠木大殿、昌西陵的回音壁、崇陵的铜梁铁柱等，都是清陵建筑中保存最完整的珍品。清西陵从不同侧面展示了中国陵寝建筑艺术风格及皇家宗教信仰的重大发展和变化，不过这个已经是中国帝制的最后阶段，光绪和溥仪是中国的最后两任皇帝，他们在这里聚首，已经是皇陵建筑余晖的最后残照了。

满城汉墓：王家的地下宫殿

从易县南行70多公里，就到达了满城。满城原为河北省治下的县，后来成为保定市的一个区。来满城，主要是为了看满城汉墓。很长时间里，满城汉墓就是我的一个心结。当年（1972年吧？）满城汉墓的发掘成果在报纸上发表，那是作为"文化大革命"的"光辉成就"而大肆宣传的。我那时还是小学五年级的学生，从《人民日报》上看到了金缕玉衣、长信宫灯、错金博山炉等文物的照片，很是感到稀罕。当时我已经看过《三国演义》，对书中刘备的口头禅"吾乃汉中山靖王刘胜之后"印象深刻，而今竟然发现了刘胜和其夫人的墓，更是觉得新奇。

满城汉墓，加上秦兵马俑、马王堆汉墓，当时报道的新闻算是我最早的考古文物启蒙，后来参加工作，编写《中国大百科全书》考古学卷，满城汉墓是重要条目，秦汉考古分支的副主编卢兆荫先生是发掘的主要负责人，在审稿会上讲起发掘的过程，很是令人向往。因此之故，我一直想实地看一下，此次便把它作为冀中访古的重要一站。

满城汉墓的发现与发掘

满城汉墓给我的记忆过于深刻，以致我来到现场后，竟对现状感到有些失望。这里现在已经辟为"长信公园"，进入要收门票。进得公园，才得知本来的汉墓文物精品展已经不存，好在接近山顶的刘胜墓和窦绾墓仍向游客开放，我乘缆车到山顶、进入墓室，才深切体会到当年此墓地的发现和发掘是多么难得！

考古工作者在墓室内清理随葬品

墓地所处的小山海拔200米左右，名为陵山，不过我想这个应是后来的名称，汉代时未必是这个名字。以风水学的角度，这个陵山还真是个"美穴地"，其山形很像太师椅，两翼前出，中间后凹，刘胜墓和窦绾墓就处在后凹处的近山顶部位。

墓葬的发现很是偶然。1968年5月22日，军队在陵山上开凿防空洞，在距离山顶30米处炸开了一个直径20厘米的小洞。好奇的战士试着砸了一下，竟砸出直径1米多的大洞。一个叫吴家高的战士沿着洞口顺下去，惊见洞里面"放置着很多盆盆罐罐"，沉睡了两千年的满城汉墓，就此呈现在世人面前。

发现了墓葬，部队果断停工，经河北省政府和北京军区迅速向中央报告。不久后，由北京军区与河北省组成的联合调查组进入洞穴，确认这是一座汉代的巨型墓葬！

1968年6月22日，满城汉墓发掘开始。发掘由中科院考古所负责，中国科学院院长郭沫若主理此事，一些重大的决定都请示周恩来总理拍板。发掘之时正是"文革"中武斗激烈的时段，满城县城里枪声不断，考古工作者依靠军队保护、乘坐军车往返，才使发掘得以顺利进行。

首先发掘的是刘胜墓。其墓室长51.7米，最宽处37.5米，最高处6.8米，如宫殿一样分成六个部分，后室中间位置的汉白玉石门需要按动石槽上的机关才可打开。后室中除了铠甲、武器等文物外，更有以金丝连缀玉片制成的"金缕玉衣"。这是历史上第一次出土完整的汉代金缕玉衣。考古队员根据墓室里青铜酒器上的字样，确认这个汉墓的主人是西汉景帝之子、汉武帝的异母之兄中山靖王刘胜，也就是刘备为自己贴金的祖先。刘胜墓发掘结束后，考古队又开始第二阶段的发掘，有了第一次的经验，他们准确地找到墓道，成功进入窦绾墓，也就是刘胜祖母窦太后的族人、刘胜的王后之墓。在窦绾的墓里，也发现了金缕玉衣，还发现了大量汉代的女式用品。

功能齐备的地下宫殿

满城汉墓坐落在陵山主峰的东坡，两墓南北并列，墓门向东，相距约120米。二墓均属于横穴式的"崖墓"，墓道及墓室凿山而成，是典型的以山为陵。两墓平面布局大同小异，均由墓道、甬道、北耳室、南耳室、中室、后室六个部分组成。这是模仿地上宫殿：耳室象征车马房和库房、中室模拟宴客厅堂、后室象征卧室并附有象征浴室的侧室。墓中还有完备的防盗和排水系统。

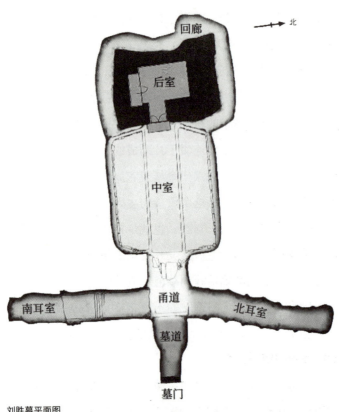

刘胜墓平面图

刘胜墓的墓内容积达2700立方米，墓室中还修建了木结构瓦房和石板房，堪称功能齐备的地下宫殿。其前厅和左右耳室里摆满了铜器、铁器、陶器、瓷器和金银器，还有象征侍从的陶俑和石俑，以及出行时使用的仪仗等。其中甬道和南耳室是车马房，放置实用的车和驾车的马，还有狗和鹿；北耳室主要放置陶器，象征贮藏食物、饮料的仓库和磨坊，这里光是储酒的大缸就有十几口，可以想象刘胜为自己死后的生活安排得多么周到。中室是一个宽大的厅堂，放置铜、陶、铁、金、银、玉石、漆器以及帷帐、俑、五铢钱等。后室用大小不同的石板筑成，分石门、石道、主室和侧室。主室是一间石屋，内置汉白玉铺成的棺床，上置棺椁，棺内放玉衣包裹着的尸体。后室是内室，除棺椁外，还有铜、铁、玉石、料、漆器以及俑和钱币等。

窦绾墓的布局与刘胜墓大体相同。刘胜夫妻的入葬时间，刘胜应是在西汉元鼎四年（前113）二月，窦绾应在元鼎四年到太初元年（前113—前104）之间。墓主入葬后，墓道用石块填满，又在墓道外口砌两道土坯墙，其间浇灌铁水，加以严封。有意思的是，窦绾墓的墓室规格、开凿技艺还要稍高于刘胜墓，有人认为这也许是由于刘胜生前花天酒地、嫔妃太多，感到有愧于窦绾，所以提高了窦绾墓的规格，让其在异世可以心情舒畅。也确实，据史书记载，刘胜一生嫔妃无数，共有120多个儿子，这里固然有免除皇帝猜忌的原因，但对正宫王后来说，肯定是不愉快的。

惊世文物何其多

满城汉墓两座墓内除了华丽的陈设和棺椁外，出土各类文物1万多件，金银器、玉石器、铜器、铁器等精品就达4000多件。刘胜墓中以铜器为主要的和富有特色的随葬器物，64种419件铜器都属实用器物，某些器物还刻有铭文。窦绾墓随葬品多为生活用具。

刘胜墓出土的铜羊尊灯

两墓中的文物以金缕玉衣、长信宫灯、错金铜博山炉等最为珍贵，其他主要文物还有镶玉嵌璧木棺、"当户"铜灯、鎏银骑兽人物博山炉、透雕双龙纹高钮白玉谷纹璧、铜漏壶、"中山内府"铜镬、鎏金鸳鸯铜戈、错金铁短剑、玉具剑、鎏金银狩猎纹铜当卢、错金银铜锯齿形器、炉形铜灯、豹形铜镇、玉人、蟠虎钮方形玉印、"私信"蟠龙钮圆形玉印、"窦绾"铜印、花形悬猿铜钩、铜朱雀衔环杯、熊足铜鼎、蟠螭蕉叶纹提梁铜壶、错金银镶嵌铜骰、铜说唱俑镇、"医工"铜盆等。这些文物精品当然不是本文所能介绍完的，故此这里拣最重要和最有意思的几件介绍。

出土的两套玉衣外观形似人体，分为头部、上衣、袖筒、裤筒、手套和鞋子6个部分，均由玉片组成，玉片之间以金丝加以编缀。刘胜的金缕玉衣全长1.88米，用玉片2498片，金丝约1100克。玉衣全身由脸盖、头罩、上衣前片、上衣后片、左袖筒、右袖筒、左手套、右手套、左裤筒、右裤筒、左鞋、右鞋等12个部件组成，袖筒、裤筒、手套和鞋都有开缝，脸盖上刻画出眼、鼻和嘴，手作握拳状，足部呈方头平底高腰靴状。在"玉衣"内还发现玉璧18块，以及饭含等佩戴之物。玉衣具男性特点，体躯肥大，腹部凸鼓，头枕鎏金镶玉铜枕，两手握璜形玉器。窦绾的玉衣全长1.72米，用玉片2160片，金丝约600克，头下枕一鎏金镶玉铜枕，在玉衣内放置15块玉璧。

　　长信宫灯出土于窦绾墓，高48厘米，通体鎏金，作宫女跪坐、双手执灯状，灯的各部分分铸而成，可以拆卸。灯盘可以转动，灯罩可以开合，以根据需要调节光亮的大小和照射的方向。宫女的体内中空，可用于存放烛火的烟滓，以保持室内的清洁。从灯上的铭文可知，此灯原属于阳信夷侯刘揭，后由窦太后所居之长信宫中使用，故名"长信宫灯"。

　　错金铜博山炉出土于刘胜墓，是熏香用具。炉体高26厘米，通体错金丝，炉座透雕成三条蛟龙，以龙头擎托炉盘。炉盖镂雕成山峦起伏状，山中虎、豹、猴、野猪等动物出没，猎人持弩巡视其间。炉身似豆形，通体用金丝和金片错出舒展的云气。把香料放入炉内点燃，香烟便可通过炉盖的许多小孔袅

长信宫灯

错金铜博山炉

鎏银骑兽人物博山炉

铜说唱俑镇

鎏金银蟠龙纹铜壶

袅上升，令香气弥漫开来。博山，乃古代神话中的仙山，这个熏炉就是表现了仙山的气象。

铜朱雀衔环杯出于窦绾墓。杯通体错金，朱雀矗立于两高足杯间的兽背上，展翅翘尾，喙部衔一能自由转动的白玉环。朱雀的颈、腹与两杯的表面嵌有圆形和心形绿松石。此杯应该是女性调和化妆品的用具，出土时杯内尚存朱红色痕迹。

铜说唱俑镇出于刘胜墓，高7.7厘米。两件均为正在表演的汉代俳优形象，坐姿，头戴圆帽，高髻，着错金云纹右衽衫，袒胸露腹。大眼睛，高额骨，尖下巴，张嘴嬉笑，表情滑稽。

鎏银骑兽人物博山炉出于窦绾墓，高32.3厘米，盘形底座内有一骑兽力士，力士上身赤裸，下身着短裤，右手上举托住炉身，回首含笑仰望炉体。炉盖分上下两层，上层铸出山峦和流云，其间虎熊出没，又有人兽搏斗、人驾牛车等场面；下层铸各种瑞兽、草木云气等纹饰。

鎏金银蟠龙纹铜壶出于刘胜墓，属于酒器。壶通高59.5厘米，通体以鎏金、鎏银装饰，腹部饰4条独首双身的金龙，间缀金色卷云纹，龙云盘绕，光彩夺目。从壶底的铭文可知，此壶原属西汉初的诸侯国楚国，后楚王参与七国叛乱，国除，此壶被赐给刘胜。

由于各种原因，满城汉墓中的文物在当地已经无法见到，有感兴趣的可以到河北博物院鉴赏。

曲阳访古记

我的冀中访古之行的第三站是曲阳。曲阳有着悠久的历史。秦始皇统一中国后，实行郡县制，始皇元年（前221）置曲阳县。也就是说，曲阳设县，至今已经有2240多年的历史了！历史如此悠久，当然不乏古迹。我所熟知的，就有始建于隋代的修德寺、唐宋时期的定窑遗址、唐代的王处直墓等。我这次到访曲阳，本来也是把重点放在修德寺和定窑遗址两地，没想到偶然进入北岳庙，却给了我极大的惊喜。

北岳庙内有惊喜

大家都知道，北岳是指位于山西浑源县城南的恒山。历代帝王多对恒山进行封禅，比如唐开元元年（713）封北岳为安天王，宋大中祥符四年（1012）加封为安天王圣帝，元世祖忽必烈又将北岳加封为安天王真元圣帝。然而一般人不知道的是，历朝祀祭北岳其实有两处，一处在浑源境内的天峰岭，一处就在河北曲阳的北岳庙。如唐贞观十五年，太宗李世民亲自撰文，祀北岳于曲阳。元统一后也祀北岳于曲阳，并且修建了规模宏大的北岳庙。

曲阳的北岳庙，汉代称北岳祠，唐代称北岳安天王庙，宋代称北岳安天元圣帝庙，元代称北岳安天大贞元圣帝庙，到明代时就只简称为北岳庙。坐落在河北省曲阳县城北岳路2号的北岳庙，始建于北魏景明、正始年间（500—512）。南北长542

米，东西宽321米，总占地面积达173 982平方米。其建筑格局呈坐北朝南的"田"字形，以中轴线为主，两厢对称。访问北岳庙，由南门进入，主体建筑依次是登岳桥、朝岳门、御香亭、凌霄门、德宁之殿、望岳亭等。德宁之殿为庙内主体建筑，建于元至元七年（1270），至正七年（1347）重建，为中国现存最大的元代木结构建筑。大殿坐北朝南，重檐九脊庑殿式结构，琉璃瓦脊，建在石砌的台基之上，殿前有月台，四周有石栏板望柱，柱头装饰99只石雕狮像。

北岳庙德宁之殿

　　给我最大惊喜的，是北岳庙内的碑碣和壁画。北岳庙内存有碑、碣、经幢200多通，碑刻内容多为历代重修北岳庙的记载和祭祀北岳之神的祭文，也有赞文和题诗，书体上真、草、隶、篆、行各体均有。碑刻中《大唐定州北岳恒山灵庙之碑》《大宋重修北岳安天王庙之碑》《苏轼诗词碑》《大元封加北岳手诏碑》等都很有名，我细看的唐定州刺史张嘉贞撰文并书丹的《大唐北岳祠碑》、北宋韩琦撰文并书丹的《大宋重修北岳庙之记》，字迹多尚清晰，可从中窥见唐宋书法成就之一斑。

德宁之殿内的壁画最为壮观。殿内北山墙绘有巨幅彩色壁画《北岳恒山神出巡图》。东、西两壁有高6.5米、长17.6米的壁画，传为唐代画圣吴道子所画，东壁画为《云行雨施》，绘众多天神兴云布雨、普降甘霖场面；西壁画为《万国咸宁》，绘众天神兴云布雨后得胜回宫情景。两铺壁画共有人物73人，众多人物形象无一雷同。惜乎我来之时壁画正在修复，仅有复制品在侧。

修德寺塔叹孤单

修德寺塔位于曲阳县城西南恒州镇小南关村，在北岳庙西南200米处。始建于隋仁寿元年（601），现存部分塔体为宋天禧三年（1019）四月修建，此后金代、明代续有修缮。塔为平面八角形、上为楼阁式、下为花塔式的七层砖塔，通高32米。塔的方形台基边长13.6米，下部为八角形塔座，挑出双重莲瓣以承托第一层塔身。首层塔身正面辟门，内有塔心室，上部砌三层小仰莲，再上为叠涩檐。二层塔身为实心花束状塔身，高10.2米，塔身上塑五层单檐方形小佛塔，每层24个。三至六层塔身为四层楼阁式，于南面辟券门，其他各面做盲窗。该塔一层以三层莲瓣出檐，以叠砖为顶；二层塔身有双层塔檐，下层为七层砖雕莲瓣，其上又做叠涩出檐、收分，做法独特，由此可推断二层塔檐以上为宋代所建。

这座塔堪称"宝塔"，因为其中出土了不少宝物。1953

年、1954年分别在塔基下、宋代寺址下发掘出总数达2200余躯的石造像，其中有纪年铭造像 247躯。造像的年代自北魏神龟三年（520）至唐天宝九年（750），历经北魏、东魏、北齐、隋、唐5代，而以东魏、北齐和隋代造像居多。修德寺石造像的题材，开始时以释迦和弥勒菩萨信仰为主，后过渡到重视阿弥陀佛和菩萨信仰，反映了下层群众的信仰要求和佛教的世俗化。造型上，也经历了由瘦削修长到方颐矮胖再到丰满挺秀的变化过程。造像的面容由北魏时的慈祥严肃变为唐代的平易亲近。1994年，修德寺塔发现塔基地宫，出土石函的函盖上刻有铭文"维大隋仁寿元年十月十五日皇帝于定州恒阳县恒岳寺奉安舍利，敬造灵塔"，从而明确了该塔的始建时间。

修德寺塔是花塔中的特例，保存较为完整，是研究同时期寺塔建筑的宝贵实例。该塔所属的修德寺原名恒岳寺，始建于隋文帝开皇年间（581—600），是隋朝第一批颁赐舍利的30个寺院之一，可见是隋代的重要奉佛之地。从各代都有修缮的历史看，后来各代香火应该都很旺盛，惜乎民国年间寺院被日寇炸毁，只留存宝塔。我到达之时，这一历史名塔孤零零地矗立在一片矮房之间，周围是小块菜地，真是令人唏嘘！

定窑白瓷见清新

看定窑遗址本是我在曲阳的重要日程，但在北岳庙占去较多时间，便只好压缩定窑遗址，而只是观摩了定窑文化博物馆，不过也收获很大。

定窑名气很大，尤其是在北方地区，我在金上京遗址博物馆就看到不少的定窑瓷器。我在上大学时学过，定窑是中国北宋时期五大名窑（官窑、哥窑、汝窑、钧窑、定窑）之一，以生产优质白瓷著称于世，而今来到定窑的故乡，自然想知道得更多一些。

　　定窑遗址位于今曲阳县涧磁村、野北村及东、西燕川村一带。宋代此地属定州，故称定窑。定瓷窑址规模最大、最集中的窑场在涧磁村北一带，今天瓷片、窑具、炉渣、瓷土等堆积仍很多，据说最厚的堆积达15米。1951年以来经过多次发掘，发现大量窑炉和作坊遗迹，出土遗物甚丰。

　　发现的定窑作坊遗迹中，保存下来的设施有窑炉、砖和匣钵垒砌的围墙、石砌的水井、砖砌的水沟、土灶、加工瓷料的圆形碾槽、澄盛瓷泥和釉料的砖池及大缸等。窑炉均为"馒头窑"。窑基平面呈马蹄形，由炉门、火膛、窑床、烟室等部分组成，长度4～8米，宽度1.5～3米。窑体建筑材料用砖，火膛、窑床、烟室各部用耐火砖，内壁抹一层耐火土，窑床底面上铺垫一层厚约10～30厘米的粗砂。北宋早期以前窑炉以木柴作燃料，火膛中均发现有柴灰；北宋中期以后窑炉燃料用煤，火膛中均发现大量烧过的煤渣。

　　从出土品可知，唐和五代时定窑烧制的瓷器还比较粗糙。宋代的定瓷以白定为最佳，胎薄细腻、彩色莹润，曾有"白如玉、薄如纸、声如磬"之说，瓷器品种主要有碗、盘、盆、

北宋时期定窑窑炉

定窑白釉口不流酒壶（宋代）

定窑黄釉鹦鹉壶（宋代）

罐、杯、壶、瓶、枕、器座以及玩具等，造型优美；装饰文雅，多采用刻花、画花和印花等技法，图案布局合理、清新明快，刻花刀法刚劲有力，印花构图饱满；纹饰以牡丹、荷花、菊花、梅花、萱草、禽鸟为主，形态逼真，栩栩如生。北宋定窑的制瓷技术有许多创造和进步，除白瓷外，也烧制黑瓷（黑定）、紫釉（紫定）、绿釉（绿定）等，都是在白瓷胎上，罩高温色釉。

定窑白瓷艺术水平很高，社会影响很大。宋代大诗人苏东坡任定州知州时，曾用"定州花瓷琢红玉"的诗句，来赞美定瓷的绚丽多彩。定窑生产规模宏大，品种繁多。出土的北宋时期的龙凤盘上刻有"尚食局"款，说明这里不但烧制民间的各种生活用瓷，还为宫廷烧制御用瓷器。

北宋末定窑一度停顿，金代恢复生产，产品仍较精良，元代逐渐衰落，产品单调，胎粗釉暗。金元时期，许多碗盘类器物均采用器物内底刮釉一圈、之后加以叠烧的方法，这便是粗糙化的表现。装饰也走向草率，有的器物仅施黑色点画，或以墨书为饰。

定窑历史上有过辉煌的成就，而今定瓷又开始复苏。曲阳定瓷在仿古的基础上，推陈出新，研制成功仿古、美术、日常瓷器，在国内屡屡获奖，并远销美国、日本、加拿大、荷兰、中国香港等十几个国家和地区，老树新花，值得祝贺！

再临平山访王墓

  我的河北访古之行的第四站是平山县。由曲阳到平山的距离，也就不到100公里，但平山县地处河北西部、太行山东麓，域内东低西高，地势多样，所以汽车一路行来，都是在丘陵地带穿行。虽然已经是深秋，但各种树木枝叶还茂盛，斑斓的红叶黄叶，将山野点缀得十分秀美，望上去赏心悦目。

  平山早在唐代至德年间已经设县，然而其名声暴起却是在解放战争后期、中国共产党中央机关进京之前在西柏坡的两年驻扎。我初访平山，就是到西柏坡参观，此次再访平山，却是专为这里的中山王陵和战国时中山国的遗迹而来。我在编辑《中国大百科全书·考古学》时，负责的分支学科之一是商周考古，其下限到战国，那时编辑中山王陵、中山三器、中山王陵兆域图铜版等条目，心中已经很是向往，而今时间过去40年，实地探访之愿才得以实现，确实感触良多！

战国中山王墓的发掘

  讲述战国中山王墓的发现和发掘，时间要回溯到1974年。当时河北省文物部门接到报告，说平山县三汲乡农民大规模平整农田，到附近两座大土丘上取土，挖出一些古代文物。考古人员闻讯后迅速赶到现场，进行清理勘察，发现了"中"字形的墓室格局，表明这是一个王陵。此时墓穴主墓室已经遭到盗掘。考古人员对周围进行清理，发现主墓穴旁是个库，库与主墓室不相连通，正是由于库的存在，才使大量的珍贵文物躲过盗劫。此后开始抢救性考古发掘。河北省文物管理处在平山县三汲乡的南七汲村先后发掘了1号、3号、4号、5号和6号等战国时期墓葬，包括为数庞大的车马坑与陪葬墓，同时发现中山国的都城灵寿古城。发掘出土的文物与战国晚期的赵国、魏国文物相近，但又有许多具有明显北方少数民族文化风格的器物。

中山王墓发掘现场

中山王陵墓共发现两处，一处在灵寿故城以西2公里处，东西并列，西侧的1号墓已经发掘，可以确认是中山王厝的墓，2号墓为哀后墓。另一处在城内西北部，南北错列3座大墓，已发

中山王陵1号墓平面图

掘的6号墓在最南端，墓主人未能确定。1号墓与2号墓有高大的封土。1号墓封土南北长110米，东西宽92米，高15米，形成三级台阶状，当年台上应建有回廊和厅堂建筑。墓室平面为长方形，中央为方形椁室，南北为两条墓道，椁室用厚约2米的石块砌成，椁室内约有四层套棺。1号墓封土范围之内，东西两侧各有陪葬墓2座，封土南面有对称的两座长方形车马坑，并有船坑和杂殉坑各一。6号墓的陪葬坑是东侧2座，西侧1座，南面也有两座对称的长方形坑，可能也是车马坑。中山王陵的发掘，为了解战国时期王室丧葬制度提供了宝贵资料。

中山王陵的精美文物

这批墓葬出土了大批精美绝伦的珍贵文物，仅1号和6号墓的出土文物就达19000余件，尤以大量孤品、珍品的发现而震惊中外，其中刻铭铁足铜鼎、铜方壶、铜圆壶、中山侯钺、山字形器等为研究中山王世系和中山国的历史提供了极其珍贵的资料；铜错金银龙凤方案、十五连盏铜灯、银首人俑灯、虎噬鹿器座、牛器座、犀牛器座、铜双翼神兽以及带有压划纹的磨光黑陶鼎、石制六博棋盘、鹰柱大盆，大量的玉龙、玉虎、玉人等，则反映了中山国在铸造、冶炼及工艺美术等方面的高超水平。

刻铭铁足铜鼎、夔龙纹铜方壶、铜圆壶被称为中山三器。鼎通高51.5厘米，最大直径65.8厘米，为王墓中同时出土的九件列鼎中的首鼎，铜身铁足，圆腹圜底，双附耳，蹄形足，上有覆钵形盖，盖顶有三环钮。鼎身刻有铭文469字，记述中山国讨伐燕国、开辟疆土的事件。据鼎铭得知，此鼎为奉祀宗庙的礼器。中山王鼎是我国已发现的最大的铁足铜鼎，其铭文字数之多，仅次于西周毛公鼎，在战国铜器中更属罕见。圆壶为短颈鼓腹，两侧有二铺首，圈足，有盖，盖饰三钮，通高44.5厘米，腹径32厘米，腹与圈足皆有铭文，腹部铭文59行、182字，内容是嗣王为先王写的一篇悼词，除歌颂先王的慈爱贤明外，还赞扬了相邦（相国）司马赒伐燕取得的战果。中山王方壶为方体，小口，斜肩，腹两侧有一对环耳。其造型上的突出特点是使用八条雕龙为饰。在壶盖上有四个抽象的龙形钮，在壶肩四棱上各雕塑有一条小龙，龙头冲上，独角大耳，颈背生鬃，长尾。壶身有488字铭文。根据铭文的记载，这是一件中山国王命令其相邦铸造的酒器。铭文还告诫嗣王记取燕王子之反臣为主的教训，颂扬司马赒的忠信和伐燕的功绩，并阐明如何得贤、驭民和巩固政权的道理。

中山王夔龙纹铜方壶

铜错金银龙凤方案

中山王鼎

十五连盏铜灯

错金银铜虎噬鹿屏座

兆域图铜版是用金银镶错出的一幅以陵墓为主体的陵园总平面图，陵园建筑的各个部分和相互距离都注出了尺寸。全版长约94厘米、宽度约48厘米、厚约1厘米。该铜版不仅是中国最早的缩尺制图、最早的建筑平面设计图实物，也是世界上最早的铜质建筑平面设计图。

铜错金银龙凤方案周身饰有错金银色花纹，下方有四只横卧的梅花鹿，四肢曲卧于一圆形环底座，中间分别于弧面上立有四条独首双尾龙，龙身各蟠绕一凤，上方龙顶拱承一饰有云纹的方形案框。四凤双翅聚于中央连成半球形，凤头从龙尾纠结处引颈而出。该器集铸造、镶嵌、焊接等多种工艺于一体，复杂精巧，极为精美。

十五连盏铜灯高82.9厘米，座径26厘米，重13.8公斤，由灯座和七节灯架托起15盏灯盘，每节支架皆可拆卸，支架上装饰着鸟、猴等小动物。

错银铜双翼神兽长40厘米，曲颈昂首，两肋生翼，四肢弓曲，跃跃欲起。通身错银，身躯为卷云纹，兽翼有长羽纹。背部装饰两只左右对称的错银鸟纹，底部铸有铭文。有研究者认为，这种造型风格来自西域，是中山国特有的青铜器，属于仪仗礼器，使用时插在木柱上，以此象征中山国的权威。

中山人的都城依山而建，城内也有小山，"中山城""中山国"即由此得名。在灵寿古城发现的瓦当上装饰着各种山的图案，建筑构件中，山峰形瓦钉饰也为中山国所独有。崇山的中山人把山的形象赋予他们生活的方方面面，不少展品身上或多或少都有"山"的影子，蔚为壮观的山字形器更足以说明一切。

神秘的古中山国

中山王陵的发掘，为我们认识中山国历史提供了权威的资料。中山国（前414—前296）是战国七雄之后的第八雄。当时"万乘之国七，千乘之国五"，中山国即是千乘之国之一。

中山国的建立者属于春秋时期北方民族中的白狄。春秋时期，北狄分为赤狄、长狄、白狄、众狄等多个部族，南下同中原诸侯争夺生存空间，侵邢、伐卫，又攻齐、伐鲁。北狄的南侵，遭到了以齐国为首的中原诸国的坚决抵抗，齐桓公"尊王攘夷"的口号就是为抵抗北狄而提出的。

在中原各国的抵抗之下，赤狄和长狄被灭，白狄部族的生存环境也相当恶劣，被迫东迁，到春秋晚期，迁徙到今山西、河北一带并建国。其建立者为中山武公，因城（中山城）中有山，而得名中山国，国土在燕赵之间，也即太行山东麓一带。公元前506年，"中山"之名首见于《左传》。

据有关材料和铜器铭文考证，战国时中山国的国君有文公（武公追封）、武公、桓公、成公、王厝、王妾雌、王尚等七代。在公元前380—前378年间，桓公将都城迁到灵寿（今河北省平山县三汲乡境内），利用太行山脉和自然河沟等天然屏障作为防护。今灵寿古城南北长4.5公里，东西宽4公里，内分东、西两城，东城北部为宫殿区，南部为官署区、居住区和手工业作坊区；西城部分为中山王墓区，南部为王公苑囿和商业区、居住区、农业区。公元前328年左右，中山王厝即位。他即位时仅16岁，统治中山国20年，任用老臣司马赒为相，把中山国带向繁荣与兴盛。公元前323年，21岁的中山王厝与韩、赵、魏、燕等几个万乘之国一起称王。然而公元前308年，他英年早逝，其子即位，国力开始衰落。

中山王墓出土的反映北方民族风格的圆形猎帐中心铜柱帽

中山国与其南邻赵国世代为仇，经常发生战争。历史上著名的赵武灵王改革，"胡服骑射"，一个主要目的就是为了强兵富国，消灭中山。公元前306年，赵国与燕国南北夹击中山。公元前296年，中山国灭亡。

虽然中山国是北方民族建立的国家，但其文化已经十分中原化。这种变化不仅体现在随葬器物的仪轨和形制上，在中山三器的铭文中，"克顺克卑""纯德遗训""穆穆济济""驭右和同，四牡沥沥"等大量语句，都是对《礼记》《乐记》《诗经》《春秋》等的引用或改造，其他如"慈孝宣惠，举贤使能""籍敛中则庶民附""惟德附民，惟义可张""夫古之圣王，务在得贤，其即得民"等，也都表现出对儒家重仁、重民、重贤等思想的吸收和宣扬。

不过，古中山国虽然学习了中原的礼制，但是始终保留着自己的特色，比如山字形器所反映的对山的崇拜，比如九鼎中盛放的东西没有传统中原王国祭祀最重要的牛肉，却盛放着马肉和狗肉，便是体现了自身的生活习俗。

井陉最奇石头村

在我的冀中访古之行中，井陉是最南的一站。其实井陉的位置已是河北的最西，再往西就是山西了。但河北似乎没有冀西的说法，所以我仍把它归入冀中来介绍。

井陉在秦时设县，到现在已经有2400年的历史了。其隶属州郡虽时有变化，但总体位置是在今河北省的西部山区、太行山东麓。井陉自古以来就是太行山东西交通的咽喉要地，地理位置十分重要。我曾经多次乘火车或自驾经过井陉，此次脚踏实地，认真访古，还真是收获颇大。

关塞要地古迹多

井陉此地以地形得名。《太平寰宇记》说："四方高，中央下，如井之深，如灶之陉，故谓之井陉。" 井陉素有"天下九塞第六塞，太行八陉第五陉"之称。所谓第六塞，乃是来自《吕氏春秋·有始》中所说的"何谓九塞？大汾、冥厄、荆阮、方城、殽、井陉、令疵、句注、居庸"，意思是在天下最险的九座关隘里，井陉排行第六；所谓第五陉，是来自《述征记》所载 "太行首起河内，北至幽州，凡八陉：第一轵关陉，第二太行陉，第三白陉，第四滏口陉，第五井陉，第六飞狐陉，第七蒲阴陉，第八军都陉"。陉，是指山脉中间断开的地方，在太行山南起河内郡（今河南黄河以北地区）、北至幽州（今河北北部）的主体山脉中，共有八个通道，井陉是第五处通道。

福庆寺山门

其地理位置如此重要，也就为历来的官民所重视。井陉不乏古迹，其中重要的就有井陉瓷窑遗址、井陉古驿道、井陉古城、天长古城、福庆寺、龙窝寺石窟、于家石头村等。因时间有限，我仅实地探访了于家石头村、福庆寺和龙窝寺石窟三地。

福庆寺位于井陉县苍岩山镇胡家滩——苍岩山风景名胜区内，始建于隋代，现存建筑为明代风格。其主体建筑为山门牌楼、书院、万仙堂、灵官庙、大小桥楼殿、梳妆楼、藏经楼、公主殿等。桥楼殿是在高数十丈的峭壁之间建的一座长15米、宽9米的单孔弧券形石桥，又在桥上建重檐歇山琉璃瓦顶楼阁式殿宇，殿内塑有释迦、药师、毗卢和十八罗汉泥像。公主殿据说是隋代南阳公主当年修行的地方。福庆寺历史悠久，又有关于"苍岩圣母"（即南阳公主，民间称为三皇姑）的传说，故香火久盛。

龙窝寺石窟位于井陉县城西南25公里、天长古城西10公里的小龙窝村西0.5公里处的石崖上。此地原有龙窝寺，且规模较大，有大殿、配殿及僧舍等建筑，后被拆毁，只留下崖壁上的摩崖石刻。摩崖石刻分布于寺之西与东北山崖上，分为石雕佛像与石刻题记两部分。佛像共 47 尊，位于石崖石壁中部，均雕于崖上长方形弧顶石龛中，中部的五个较大的石龛上下错落排列，其中四个石龛内雕刻佛像、一个石龛内雕刻菩萨像。佛像均于莲花座上结跏趺坐，面部端庄慈祥，衣着朴实无华。雕刻风格有宋初特点。

龙窝寺石窟佛像

最奇于家石头村

今天的人们对"千锤万凿出深山，烈火焚烧若等闲。粉骨碎身浑不怕，要留清白在人间"这首诗都不陌生。这首诗的作者、明代兵部尚书于谦临危受命，带领军民保卫北京、击退瓦剌的进攻，事后却被复辟的明英宗编织罪名，下狱斩首，家人充军边疆。其一子躲避追杀，逃往太行山深处，隐居于井陉南峪村，在此地生三子。长子于有道由南峪村再迁入荒无人烟的深山，开荒狩猎，以石建房，是为于家村之始。其时间当在明成化年间（1465—1487），所以这个村子至今已有五百余年的历史了。

既名为石头村，就全是石头的世界。其中的石头古街堪称于家村的一大景观。全村街巷，纵横交错、曲伸延展，街道均以乱石铺成，石街两旁是一座座石头院落，间有深宅大院、高房绣楼、古庙古阁深藏其间。于家村现存石头房屋4000多间，石头街道3000多米，石头用具2000多件。村中触目皆是石头，楼阁、房院、桌凳、碾磨、街巷、桥涵，都是石建，简直就是一部用石头描绘的画卷。游客在街道穿行，两旁是一排排古式门楼、石头瓦房或窑洞、平房。全村用石头盖的房院不下百座，其中最为壮观的当数四合楼院和清凉阁。

四合楼院是一座上砖下石的建筑物，始建于明末，有房屋百间，建筑面积近千平方米。分为东西两院，两院正房下层均为石券洞室，九间无梁殿建筑古朴典雅，房内粗梁大柱，宽阔高大。据说这座四合楼院的家族在明清时期曾出过十二名文武秀才，故"四合楼院"在于家石头村是首屈一指的大户，在周围一带也甚有名气，现仍有人居住。

四合楼院临街的高墙　　　　　　　　　清凉阁

　　清凉阁是位于村东口的三层楼阁，据传是明万历年间（1573—1619）于氏族人于喜春一人所建。整个楼阁不打地基，不填辅料，以天然岩石为基础，平地而起，石料不经雕琢，随形垒砌而成。四百多年过去，此阁经岁月消磨，风吹雨打，愈显沧桑厚重，是于家石头村的标志性建筑。

　　清凉阁的最上层是砖木结构，下面两层全为石建，第一层为搭券四门式，第二层为实芯四室式，第三层为明柱回廊式，所用石块有的长达数米，有的重达数吨。其构造粗犷奔放，设计独出心裁。当地民谣赞其"一块石头一匹梁、一块石头一堵墙"，确实蔚为壮观。

　　我登上清凉阁，发现阁上面两层皆为庙宇：最上层是玉皇庙，供玉皇大帝。第二层分四室，东室为三皇庙，供尧舜禹；

南室三义堂，供刘关张；北室阎王殿，供阎罗王；西室观音祠，供送子观音、癍疹娘娘和眼光娘娘。其配置是一庙多用，兼顾多种需要，有着浓重的地方特色。

石头村里的大智慧

于家始祖于有道初到这里时，此地还荒无人烟，于家人"与木石居，与鹿逐游"，生活条件十分艰苦。其族人筚路蓝缕，艰苦创业，用石头搭房垒屋，开荒种田，就连炊具餐具也全部用石头打磨而成。就这样，他们靠着满山石头，开辟出一方乡土，在此繁衍生息，从开始的几户人家，发展为大型村落。而今石头村有居民1600多人，其中95%以上是于姓。我在村中碰到一位老者，同其攀谈，他说他是于有道的第二十世孙，于家村由始祖于有道起，已在此繁衍至24代。一族之人，其坚韧不拔如此，真是令人钦佩！

于家村的规划充分体现了建设者的智慧。村庄的开拓者对建房布局和街道设置都有明确规范，东西为街，南北为巷，不通谓胡同，全村共六街七巷十八胡同，总长达3700多米；街巷的规格，街宽3~4米，巷和胡同宽约2~3米。铺就的青石，虽宽窄不一、长短不等，但井井有条。这些明清古道，其历史久远的达五百载，稍近的也有三百年，岁月沧桑，人来畜往，每块石头都被磨得细腻光滑。逢有雨天，雨水冲刷，熠熠发光，是石头村又一道风景线。

于家村的供水设施也很有特色。于家村在建村之初，先祖们对蓄水、用水就非常重视。于氏先祖生有五子，就在南山脚下挖了五个水池，分别取名大爷池、二爷池……五爷池。由于是山区，水极其宝贵，对水的管理甚严，清乾隆三十九年（1774）立"柳池禁约"碑，规定照顾孤寡老人用水，对偷水者、浪费者加以处罚。随子孙繁衍，人口增加，各户开始自己打井、修窖。如此年复一年，井窖越来越多，如今全村共有新旧水井700多眼，水窖近300口，水池18个，是总户数的两倍多。

村人发现水井还有一个作用，就是可以放大声音，所以在于家村的每一处戏台下面，都有一眼水井，这水井就是一个扩音设备，可以将戏台上的声音放大、变得好听。

于家村的石头建筑　　　　　戏台下面的水井

于家村自然环境其实很恶劣，几百年来，村民们要与天斗、与地斗，以求得生存，同时他们也没有忽略精神的追求。村里有几座戏台，还有数处观音阁、真武庙、全神庙等庙宇。其中位于石头村正中的于氏宗祠始建于1921年，坐北向南，房院宽阔，用料讲究，精工细作，外观排场。正堂门口镶嵌四个鎏金大字"慞见忾闻"，其含义是深切怀念已经去世的尊长和亲人。院内正殿有于谦塑像，两边的墙上则是于家的家谱，加上古鼎古联，一派庄严肃穆，有教育子孙慎终追远、不忘初心之深意。

正定：古城里的佛家奇构

正定古城也即正定县城，位于河北省会石家庄北15公里，是国家历史文化名城，从公元352年建城以来，已有1600多年的建城史。

说到正定古城，很多人都会提到那句"三山不见，九桥不流，九楼四塔八大寺，二十四座金牌坊"的老话。"三山不见"，指的是正定虽曾是中山国、恒山郡、常山郡的治所所在，但其境内却没有山。"九桥不流"，说的是隆兴寺前面的一座单孔三路石桥、府文庙和县文庙大殿前面各有一座泮桥（古代泮桥均为三桥并列的形制），但都无活水流过。"九楼四塔八大寺"，九楼指的是原城内的四个门楼、四个角楼加上阳和楼；四塔是凌霄塔、华塔、须弥塔、澄灵塔；八大寺指的是隆兴寺、广惠寺、临济寺、开元寺、天宁寺、洪济寺、舍利寺、崇因寺（后三寺已毁）。"二十四座金牌坊"，是说过去正定拥有大大小小二十四座牌坊。在此重点介绍古城墙、隆兴寺以及正定四塔等佛教建筑。

规模宏大的正定古城墙

正定建县始于秦时所设之东垣县。汉高祖十一年（前196）改东垣县为真定县。前元元年（前179）恒山郡因避文帝刘恒讳，改为常山郡。元鼎四年（前113）分常山郡北部置真定国，东汉建武十三年（公元37）废真定国，将真定县划归常山国管辖。三国名将赵云本是真定县人，以郡望而名，故称为"常山赵子龙"。真定一名一直沿用，直到清雍正元年（1723），为避雍正名讳，才改真定县为正定县。

正定城墙为府级规制，规模宏大，布局讲究。其城防设施创建于东晋十六国时期的公元352年。当时，前燕大将慕容恪攻冉闵于常山，在滹沱河北岸建了一座军事城堡，起名安乐垒。北魏天兴元年（398），道武帝拓跋珪把常山郡迁到安乐垒，从此安乐垒成为常山郡的政治、军事中心。北周宣政元年（578），在安乐垒置恒州，将原来的土筑城垣改为石砌城垣，周长15华里。唐宝应元年（762），因滹沱河水灌城，原石城坍塌，成德军节度使兼恒州刺史李宝臣借机扩建，以土筑城，周长20华里。此后宋、元、明各代均有不同程度的修葺和扩建，今日之城墙即为明代遗存。

明代的古城墙高三丈二尺，上宽二丈五尺，下宽三丈，周长12公里。城设四门，东曰迎旭、西曰镇远、南曰长乐、北曰永安。各门皆有月城、瓮城和内城三道城门，形成迂回曲折的防御体系，易守难攻。不过由于年久失修、战争破坏等历史原因，正定城的城门楼、角楼、垛口均已不存；南城门存内城门和瓮城门，内城门外券上仍嵌有"三关雄镇"的石匾额，瓮城留有较完整的城垣；西城门存内城门和瓮城门；北城门存内城门和月城门，东城门已被覆盖于1967年所修的国防工事之下。城垣仅残存8000多米，古城墙昔日风采已不复存。

正定古城北城门

　　正定古城历史上曾与保定、北京并称"北方三雄镇"。2013年被批准为全国重点文物保护单位，2014年正定南部城墙及南城门修缮工程启动。现在工程已经完工，免费开放，游客漫步在宽阔的长达2000米的城墙之上，城内外风景尽收眼底，是旅游观光的绝佳之处。城的北门以原样原地保护，可从中看到城墙的夯土内心与包砖情况，历千年沧桑，城墙的夯土层仍历历可辨。联系到当今的一些复建的"古迹"，没有几年已经颓败不堪，我们不能不对古代工役之到位而感到钦佩。

北方名刹隆兴寺

隆兴寺别名大佛寺，位于正定古城东门里街。寺院始建于隋开皇六年（586），初名龙藏寺，唐改额龙兴寺。北宋开宝二年（969）宋太祖赵匡胤出征河东，驻跸镇州（即正定），敕令于龙兴寺重铸大悲菩萨金身，并建大悲宝阁。开宝八年落成后，以此为主体，采用中轴线布局扩建，形成规模宏大的宋代建筑群。

隆兴寺主要建筑分布于南北中轴线及其两侧。寺前迎门为高大的琉璃照壁，经三路三孔石桥向北，依次是天王殿、天觉六师殿（遗址）、摩尼殿、戒坛、慈氏阁、转轮藏阁、康熙和乾隆的御碑亭、御书楼（遗址）、大悲阁、集庆阁（遗址）、弥陀殿等建筑。

摩尼殿是该寺主要建筑之一，坐落在中轴线前部，始建于宋仁宗皇祐四年（1052），总面积达1400平方米。其平面布局为十字形，面阔、进深均七间，重檐歇山绿琉璃瓦顶。殿内的梁架结构均与宋《营造法式》相符。摩尼殿供奉释迦牟尼佛。殿内扇面墙背面塑须弥山，山间有一尊明代彩塑观音坐像。观音像高3.4米，左足踏莲，右腿踞起，两手抱膝，身体稍向前倾斜，面容秀丽恬静，姿态优雅端庄，眼睛微微俯视。这尊佛像被鲁迅先生称为"东方美神"。殿内东西两侧及大殿四周均有壁画，四抱厦绘有佛教天神"二十四尊天"，檐墙内壁绘佛传

摩尼殿内的壁画

故事，内槽东西扇面墙则分别绘"西方胜景"和"东方净琉璃
世界"。除内槽东、西扇面墙内壁的"十二圆觉菩萨"和"八
大菩萨"为清代绘制外，其余皆为明代成化年间所绘。

　　戒坛是一座亭台式建筑，现存木结构部分为清代重建。坛
内供明代铜铸双面佛像。二佛像相背而坐，背身相连，面南的
是西方极乐世界教主——阿弥陀佛。面北而坐的是东方净琉璃
世界教主——药师佛。这尊双面铜佛像具有明显的明朝中期宫
廷造像的风格，在民间极为罕见。

　　大悲阁是隆兴寺的主体建筑，高33米，面阔七间，进深五
间，为五重檐三层楼阁。阁内供奉的大悲菩萨高19.2米，立于

2.2米高的须弥石台上，是中国保存最好、最高的铜铸观音菩萨像。此像乃是奉宋太祖赵匡胤敕令而造，周身有42臂，又称"千手千眼观音"。不过其两侧40双铜手臂已毁，修复改为木制，仅前胸两臂为原铸。

大悲阁前，西侧为转轮藏阁（藏经楼），东侧为慈氏阁。转轮藏阁坐西朝东，阁内正中安置直径7米的木制"转轮藏"。慈氏阁内供奉宋代独木雕制的弥勒菩萨。弥勒意译为慈氏，故此阁名慈氏阁。弥勒雕像立于两朵青莲上，高7.3米。雕刻时间比承德普宁寺的木质观音菩萨和北京雍和宫弥勒木像早600多年。

隆兴寺内保存的龙藏寺碑全称"恒州刺史鄂国公为国劝造龙藏寺碑"，是中国现存最早的楷书碑刻。其字体方整有致，结构严谨，用笔朴拙而不失清秀，庄重而不呆滞，有人称其为楷书第一碑，是研究我国书法艺术发展史的珍贵资料。

各具特色四佛塔

前面说过，正定古城内有四座佛塔，分别为凌霄塔、华塔、须弥塔、澄灵塔。这四座佛塔形状各异，各有特色，为正定古城平添了许多魅力。故此讲正定，必须提到正定四塔。

凌霄塔又称木塔，位于正定古城大众街北侧原天宁寺内，因巍峨高耸而得名。始建于唐咸通年间（860—874），现存为宋、金时建筑。具体说，是宋代在唐塔残址上重建一至四层塔身，全砖结构；四层以上为金代所建，砖木结构。该塔为九层楼阁式塔，通体砖木结构，高41米，平面呈八角形，矗立在八角形台基上。凌霄塔在塔身第四层中心部位竖立一根直达塔顶的木质通天柱，并依层位做放射状，八根扒梁与外檐相连，这样的结构为国内孤例。

华塔的全称是广惠寺华塔，又称多宝塔、花塔，位于正定古城生民街路东原广惠寺内。传始建于唐代贞元年间（785—804），但以该塔的形制，应是金代遗存。塔为八角砖雕砌仿木构楼阁式，中央为主塔，四斜面各建一附塔。主塔为四层，高约40.5米，四层为塔之精华所在，塔身呈圆锥体，通体沿八角八面的布局交叉塑有力士、海兽、狮、象、佛、菩萨等。其上为八脊青瓦塔顶，顶之最上冠以仰莲和宝珠。

须弥塔又称开元寺塔、开元寺须弥塔，位于正定古城燕赵南大街109号开元寺内，因风格与西安大、小雁塔相似，又有正定雁塔之称。塔为唐贞观十年（636）所建，砖石结构，九级密檐式，高42.5米，平面呈正方形。塔的底层四角有八尊石雕力士像，力士身躯健硕，腹部浑圆，作马步蹲坐状，面方阔，深目圆瞪，为唐代雕刻精品。开元寺须弥塔为正定佛塔类建筑中的最古者，是隋唐时期正定地区佛教文化兴盛的重要见证，对研究正定乃至全国佛教文化具有重要价值。另外开元寺内存放的五代时期贝屃碑座，重107吨，为全国同类石刻之冠，也值得一看。

澄灵塔位于正定古城临济寺内，因其砖色青灰，俗称青塔。因塔中藏有临济宗创宗祖师义玄禅师的衣钵，又称衣钵塔。临济寺初创于东魏兴和二年（540），原称临济院。唐大中八年（854），义玄禅师驻锡本院，创建临济宗。临济寺澄灵塔为砖砌八角九级密檐式实心塔，高30.47米。塔下为宽广的八角形石砌台基，塔身第一层正面设对开式拱形假门，侧面饰花棂假窗。转角处作圆形倚柱。塔身八层檐相距甚近，除第一层椽飞和各层角梁为木制外，其余各层檐下斗拱和平座栏杆均系砖仿木构。澄灵塔为密檐塔中的佳作，梁思成先生对其造型大加赞美，称其为"塔中上品"。

宝光璀璨：定州博物馆看文物

从正定开始，我的冀中访古已经踏上归途。正定北上60多公里就是定州，这里也是我预定的重要一站。定州历史悠久，传说公元前两千多年，五帝之首的尧受封为唐侯，就在定州唐河之岸筑唐城。春秋时期齐相管仲在此筑城，战国时此地为中山国属地，汉代分封诸侯时又设为中山国首府，南北朝时后燕曾定都于此。公元400年，北魏皇帝拓跋珪改称定州，历代沿置，此地都是州治所在。访问定州，我本是冲着这里的文庙、开元寺塔、贡院去的，但是看到贡院前面那一大排商业开发房屋，我就有些犯怵，先去了对面的定州博物馆，没想到这个博物馆震撼了我，在馆内盘桓了半天，也就没时间再去看别的东西了。

定州博物馆位于定州市中山东路南侧，建成于2015年底，2016年底开放，馆内有"畿南文献""汉家陵阙""北朝佛陀""天下大白""尘外千年""故乡之星"六个基本陈列，展陈面积达7000平方米。博物馆藏文物5万余件，其中三级以上的文物近千件，所以展厅内可以称得上是宝光璀璨。这么多的稀世文物，在此只选取"汉家陵阙""北朝佛陀"和"天下大白"三个展厅的文物略作介绍。

汉家陵阙出珍品

"汉家陵阙"展厅展出的主要是汉朝历代中山王墓的出土文物。定州为汉代中山国故地，公元前154年，汉景帝封皇九子刘胜为中山靖王，都卢奴（今定州），设中山国。到东汉末，此地先后历十七代中山王，前后达329年之久。定州市城区东南部的历代汉中山王墓，史称"平山胜迹"，为定州古八景之一。河北省考古工作者于1959年、1969年、1973年分别对中山简王刘焉墓、中山穆王刘畅墓、中山怀王刘修墓等进行发掘，出土文物达2000余件。其中1969年发掘的北陵头村东汉中山穆王刘畅墓出土文物尤为重要。刘畅是东汉时的第六代中山王，公元140—174年在位，墓中出土银缕玉衣两套，还有金、银、铜、铁、玉、陶等器1100余件，均藏于定州博物馆，这里介绍其中的几件。

透雕神仙故事玉座屏 也称镂雕东王公西王母纹玉座屏，由四块镂雕玉片插接而成。两侧以双胜为支架，双胜主体纹饰为透雕青龙、白虎纹；中间两个屏片略呈半月形，两端有榫插入架内，**透雕人物鸟兽纹饰**。上片正中为西王母，分发高髻，凭几端坐，旁有朱雀、狐狸、三足乌等；下片正中为东王公，发后梳，凭几而坐，旁有侍者及熊、玄武等。东王公、西王母是东汉神仙故事的主角，他们出现在诸侯王的陵墓中，反映了这一信仰之深入人心。关于玉屏，文献多有记载，但考古发现的实物仅此一件，因此被定为国宝级文物。

透雕龙螭衔环青玉璧　通高30.5厘米，厚1.1厘米。这件玉璧体型硕大，玉质细腻。青玉雕制，色青绿，有红褐色沁，表面有温润明亮光泽。璧内、外边缘为素面宽带，肉面饰规整的谷纹，上部透雕龙螭衔环形象，一龙一螭以阴刻线条勾勒口、眼、鼻、耳及足爪，二者同衔一环，好似在争斗嬉戏。璧的两侧各透雕形体较小的一龙一螭。此璧玲珑剔透，雍容典雅，是汉玉中的瑰宝，也为国宝级文物。

墓中出土的银缕玉衣也很珍贵。玉衣是古代皇帝和贵族死后穿的衣服，分金缕、银缕、铜缕、丝缕几种。《后汉书》记载说，皇帝死后用金缕玉衣，诸侯王死后用银缕玉衣。满城中山靖王刘胜墓和窦绾墓用金缕玉衣应属特例，估计是因为他是汉武帝的哥哥，出于皇帝特别恩典吧？而刘畅墓的银缕玉衣才是这个等级的诸侯王应该享受的待遇，这也印证了史书的记载。

墓中出土金器达80件，其中的掐丝金辟邪、掐丝龙形金饰片、掐丝金龙、掐丝金羊群均极其精美，不仅工艺出色，造型也十分到位，是古代金器的精品。

北朝佛陀气象新

南北朝时期，定州是北朝的政治、经济、文化中心，也是重要的佛教圣地。定州辖区内盛产白色大理石的曲阳大量雕造石佛像，从而形成具有北方特色的以定州为中心的白石造像体系。"北朝佛陀"展厅不仅展示有北魏、东魏和北齐时期的佛教造像，还图文并茂地介绍了佛教相关知识，很是给人教益。

值得指出的是，这里展出的佛像大都是残缺不全的，有的归因于20世纪60年代的文化浩劫，有的则是历史上灭佛运动的后果。中国历史上的四次大规模的灭佛运动，前两次就发生在北朝。北魏太武帝拓跋焘第一次灭佛时，大量寺庙被拆毁、大量佛像经文被焚烧、僧尼被杀害。此后随着文成帝的登基，佛法再兴。然而一百多年后，北周武帝宇文邕再次灭佛，到隋文帝再次复兴……尽管如此，这些残缺的佛像仍然散发出极富人性的魅力，令参观者流连不去。

展陈的佛教造像，运用了浮雕、透雕、描金彩绘等多种艺术手法，双尊像、龙树、基座上雕双狮、博山炉、化生童子、力士、供养人等是其鲜明特色。曲阳造像的基本样式为背屏式，背屏之上刻有头光、身光和背光，光内浅浮雕莲瓣、火焰等纹饰，基座分为趺床式四足座、长方形座、束腰须弥座等样式。佛通常有高肉髻，受北魏国都洛阳龙门石窟的影响，"褒衣博带，秀骨清相"，是北魏晚期流行的造像风格。

北齐时期，造像风格有显著变化，衣纹疏朗，肌体丰圆，

北魏背屏式一佛二菩萨三尊像

北齐双思惟菩萨像

北齐供养菩萨像

普遍运用透雕、浮雕、描金等技法，丰瞻华美。以透雕龙树为背屏的造像迅速流行，飞天、宝塔、菩提树、双狮、力士等图案被广泛使用。双尊造像突然大量出现，这种造像仅流行于北齐和隋代，以双观世音菩萨立像和双思惟菩萨坐像为最多，双佛立像仅有个别发现，成为中国佛像雕刻史上的一朵奇葩。

展陈中的曲阳造像作品甚多，其中的东魏青石弥勒佛造像、东魏汉白玉金彩观世音造像、北齐圆雕观音童子像、北齐透雕双思惟像等造型秀美，雕工娴熟细腻，形神兼备，体现了定州白石造像艺术炉火纯青、登峰造极的水平，特别是其中的彩绘作品，洁白的定州白色大理石与鲜艳瑰丽的彩绘互相映衬，显得更加光彩绚烂。

尘外千年宝光绚

"尘外千年"展厅主要展示的是静志寺塔基地宫以及净众院塔基地宫的文物珍宝。静志寺塔基地宫位于定州贡院院内。1969年5月，电力公司施工时，发现一块石刻歇山式屋顶，揭开了静志寺塔基地宫的面纱，定县博物馆随后清理发掘，出土了大量珍宝，其中以定窑瓷器最引人瞩目。净众院塔基地宫位于定州市新立街。原塔已毁，仅存塔基地宫。地宫建于北宋至道元年（995），瘗埋有银塔、银棺、银瓶、石函、石棺、琉璃葫芦以及北宋早期的定窑瓷器55件。塔基内还保存有彩色壁画，北壁为释迦牟尼十大弟子奔丧情景，东西两壁绘帝释天、梵天礼佛图，穹窿顶彩绘花卉、凤凰。画面构思协调，画技高超，线条流畅，不失为壁画佳作。

　　静志寺和净众院塔基地宫各出土定瓷百余件，均为瓷中精品，这些瓷器几乎全部是北宋早期的定窑产品，造型端庄秀美，胎质平薄细腻，釉色柔和洁净，堪称美轮美奂。下面介绍其中的几件。

净众院出土的白釉刻花龙头净瓶　　　　静志寺出土的白釉波浪纹法螺

　　白釉刻花龙头净瓶　净众院出土。高60.7厘米。细长颈，鼓腹，卧足，龙首短流。瓶颈上部刻仰覆莲瓣纹，中部为覆莲纹相轮圆盘，下部为竹节纹。肩部刻覆莲纹三重，其下为缠枝花一周，下腹刻仰莲四重。肩塑龙首流，龙首高昂、前额耸突、张口露齿，下颌饰一绺龙须。此器器形修长秀雅，纹饰精细流畅，可谓是千年定瓷的代表作，也是目前我国已发现的尺寸最高的一件定瓷器，属于国宝级文物。

白釉波浪纹法螺 静志寺出土。壳为螺旋状，通体饰波浪纹，中心耸起锥形体，喇叭口，尾端有吹孔。螺侧有一小圆孔，用以调节音量和节奏。此器胎白而厚重，质地细腻，釉色洁白透明，尾部无釉。佛教常以法螺之音比喻佛陀说法之妙或表示佛的威力，今天有成语"大吹法螺"，但含贬义，不过这件法螺倒是令我们认识了其本来的形象。

白釉瓷龟 静志寺出土。高3.8厘米，通长8.8厘米，龟首上扬，鼓腹中空，短尾曲卷，四肢为片状趾蹼，龟背双勾六角纹龟甲。佛教将龟比喻为佛理中的"生"与"涅槃"。这件瓷龟整体可浮于水上，形象生动，为北宋初年定窑工艺瓷的佳作。

黑白釉瓷轿 静志寺出土。高15.8厘米。轿身方形，顶为六角攒尖式，轿门挂半遮短帘，内跪坐一少妇，后帏有窗。四名轿夫抬轿，其一头戴花冠，另外三名戴幞头，系宽腰带，一手扶轿杆，一手叉腰。此器瓷胎细白，轿顶施黑釉，轿体和轿腹部分加点黑彩，色彩对比鲜明，人物刻画简洁生动，亦是定窑佳作。

静志寺和净众院塔基地宫出土的其他定窑瓷器，如白釉"官"款盏托、白釉"官"款莲纹花蒂钮盖罐、白釉双耳贴像炉、三彩刻莲纹净瓶、白釉贴花长颈瓶、白釉暗花短颈瓶、白釉莲纹金装长颈瓶、白釉桃形纽盖罐等都是不可多得的精品。

定州静志寺和净众院塔基地宫都是为供养舍利而建。两处不仅均出土了用于盛放舍利的金银棺、铜石椁，静志寺塔基地

静志寺塔基地宫出土的鎏金铜力士像

宫还出土了佛像、天王、力士、菩萨等造像。两处还出土了供奉给佛陀的金银器、玉器、青铜器、国产和从西亚进口的玻璃器以及各种装饰品等美器美物，有些甚至是为供养舍利专门定制的，体现出人们对瘗埋舍利的高度重视，也使得定州博物馆的藏品愈发宝光璀璨，炫目耀眼。

高官之衙：访直隶总督署

保定，是我冀中访古之行的第八站。来保定，是要去看保定的直隶总督署。直隶总督是清代的第一号地方大员，我们所熟知的近代史上的人物曾国藩、李鸿章、袁世凯都曾担任此职。直隶总督在中国的近代历史上也有着非同一般的影响，比如扼杀戊戌变法的主要人物之一荣禄当时就担任直隶总督。我早就想去看一下他们办公的地方，尤其是听说不久前直隶总督署建成了博物馆，就更下定决心去实地考察一番了。

直隶总督的始与终

先解释一下"直隶"与"总督"。直隶的意思是直接隶属于京师，始于明代；总督，明代是临时性的军事官职，清代则为地方最高军政长官。清代承袭明制，仍实行行省制度，地处京师附近的明代的北直隶被改为"直隶省"。清初所设置的直隶省，一直延续至光绪年间，其辖区包括今河北、北京、天津的全部和山东、山西、河南、辽宁、内蒙古的一部分，地位略同于新中国成立之初的华北局。

清乾隆年间，督抚制度日趋成熟，直隶总督因直隶省独特的地理位置而名列中国全境八督之首。直隶总督的职能，集军事、行政、盐务、河道及北洋大臣于一身，权力其实已超过直隶省范围。直隶总督权重位显，兼且直隶省地处京畿，拱卫京师，稍有动乱，便会危及朝廷，故此衔非重臣莫属。

直隶总督的正式官衔为"总督直隶等处地方提督军务、粮饷、管理河道兼巡抚事",是清朝九位最高级的封疆大臣之一,总管直隶的军民政务。由于直隶省地处京畿要地,顺治十八年(1661)十月,以都察院左副都御史苗澄为直隶总督,这也是首任直隶总督。康熙三十七年(1699)二月,任命于成龙以总督衔、兵部尚书兼右都御史管直隶巡抚,雍正元年(1723),诏嘉李维钧勤慎,特授总督。此后,自雍正至宣统

直隶总督群像,第一排(左起)为李鸿章、曾国藩、王文昭、袁世凯

八帝187年中，历任总督有74人，共99个任次。在这些直隶总督当中，有许多是朝廷重臣，包括被康熙皇帝评为"廉吏天下第一"的于成龙，修建莲池书院、备受雍正帝信赖、被誉为"模范督抚"的李卫，勤政廉洁的一代廉吏唐执玉，兴农治水、被列为"乾隆五督臣"之一的方观承，更有清末名臣曾国藩、李鸿章、袁世凯等。

宣统帝时期，清朝的统治已经风雨飘摇，所以直隶总督换马频繁。宣统在位三年期间，就先后有六位直隶总督，其中那桐于宣统元年（1909）五月以大学士、外务部会办大臣署理直隶总督，署理期仅半个月。于宣统元年十月以直隶布政使护理直隶总督的崔永安，也仅护理了约20天。宣统三年八月，辛亥革命爆发，十二月（1912年2月），张镇芳以湖南提法使署理直隶总督，署理仅10天。宣统退位，清朝灭亡，直隶总督一职也告终结。

直隶总督署的建筑布局

直隶总督的驻地始终为直隶省城保定，驻所即为直隶总督署。直隶总督署的前身，元代为顺天路总管府所在地，明代为保定府署与大宁都司署、参将署。直隶总督署坐北朝南，为小式硬山建筑，属典型的北方衙署建筑，至今保存比较完好。其格局为前朝后寝，严格按照清朝关于省级衙署的规制修建。整座建筑群东西约130米，南北约220米，占地30000平方米，以两条南北更道相隔，分为东、中、西三个组成部分，称之为东路、中路和西路，各路均为多进四合院格局，主次分明，功用迥异，彼此搭配，浑然一体。

中路建筑为衙署主体，由五进四合院组成，各院正房均建筑在南北向的中轴线上，两侧配以左右耳房、厢房等。中路自南向北依次是大门、仪门院、"公生明"牌坊、大堂院、二堂院、官邸院、上房院。

大门为黑色三开间，坐北朝南，大门上方正中悬挂"直隶总督部院"匾额。大门前对称的两根旗杆由民国年间直鲁豫巡阅使曹锟初建（复建于1994年），各高33.6米，为中国古建旗杆之最。

大堂为总督拜牌迎旨、举行贺典、处理重大政务、举行重大庆典活动之处，五开间，长22米，进深10米，高9米，是总督署的主体建筑。大堂以黑色油饰为基调，正中有屏风一座，屏风中间绘有丹顶鹤、海潮和初升的太阳，象征一品文职大员。大堂院落两侧各分布着9间科房，为直隶总督署的六部，东侧为吏、户、礼三部以及架阁库，西侧为兵、刑、工三部以及承发房。

二堂又称退思堂、思补堂，是总督日常办公和接见外地官员的地方。东侧室为议事厅，西侧室为启事厅，是总督与幕僚议事之所。二堂悬有"政肃风清"匾额，正中竖一木雕三扇座屏，中间雕有麒麟，象征一品武职大员。

直隶总督署内外的分界线就是二堂之后的内宅门，内宅包括三堂和四堂。三堂（官邸）是总督的书房和内签押房（办公室），历任总督习经练字、著书立说主要就在这里，其东西侧屋在南侧均设有火炕，为冬日取暖之用。四堂又称为上房，是总督及其家眷生活起居之所。四堂开间5间，左右耳房各2间，东西厢房各3间。

匾额铭牌皆官箴

穿行在直隶总督署，可以看到许多对联、匾额、铭牌。大堂北侧屏风上方两柱间横梁上的"恪恭首牧"匾系雍正手书，赞誉直隶总督唐执玉的恪尽职守和勤政廉洁，此后的历任总督也都以"恪恭首牧"自我勉励。此匾两侧有雍正写的对联，上联为"俯仰不愧天地"，下联为"褒贬自有春秋"，要求官员立身行事要磊落光明，对得起天地和历史。仪门正中的牌匾为"威抚畿疆"，左右楹柱对联为李鸿章题写，上联为"昔为畿辅，今控岩疆，观政得余闲，一壑一丘亲布置"，下联为"近接太行，远临渤海，豪情留胜概，亦趋亦步许追随"，显示出李鸿章就任直隶总督时的抱负。

警示官员廉洁的文字随处可见。比如仪门院内的"公生明"牌坊。这个牌坊立在大堂前面的正中位置，是一座四柱三顶的木制牌坊。牌坊正面写着"公生明"三个大字，意思是只有公正才能廉明；背面写着"御制戒石铭：尔俸尔禄，民脂民膏，下民易虐，上天难欺"，意思是官员的俸禄都是百姓的血汗，百姓固然容易欺侮，上天却是难以欺骗的。牌坊正反面的文字都出自黄庭坚之手。"公生明"牌坊又叫戒石坊，系由宋太祖赵匡胤首创，意在警戒官员公正廉明，直隶总督署的这座是现存品阶最高的戒石坊。

二堂官位两侧墙壁上悬挂的两块铭牌也很有意思。左侧铭牌的内容是清代名臣孙嘉淦的居官八约："事君笃而不显，与人共而不骄，势避其所争，功藏于无名，事止于能去，言删其无用，以守独避人，以清费廉取。"右侧的铭牌写的是明代山东巡抚年富的《官箴》："吏不畏吾严而畏吾廉，民不服吾能而服吾公。公则民不敢慢，廉则吏不敢欺。公生明，廉生威。"这两则为官箴言，前者提出了官员的日常操守，后者说出了为官者公正廉明的重要性，很值得今人重视。

总督署的周边：莲花池与大悲阁

清代的直隶总督署东有保定府署、清河道署（后改为天主教堂）和真觉禅寺，西邻布政使司经历厅和按察使司监狱，南对古莲花池和莲池书院，北倚保定同知署，从而组成以总督署为核心的衙署群，烘托出总督署的显赫。上述的各类衙署今天或已他用，或不开放，值得一看的是莲花池和真觉禅寺。

莲花池为保定上谷八景之一，原名雪香园，位于直隶总督署之南，元代汝南王张柔创建，总面积为3.2万平方米。莲花池以环水筑榭为显著特点，园林内有春午坡、濯锦亭、篇留洞、观澜亭等古建筑，小巧玲珑，布局严谨，山水楼台，参差错落，素有"城市蓬莱"的美称。我到时已经是深秋，莲花固无可观，莲叶也早枯萎，但环池的建筑还是可看，尤其是池中古桥和旁边的直隶图书馆很有特色。

真觉禅寺在直隶总督署以东不远，始建于元太祖二十二年（1227），亦由张柔所建。真觉禅寺亦为保定上谷八景之一，坐北朝南，山门门楣书"真觉禅寺"，天王殿后东为钟楼，西为鼓楼。主体建筑大慈阁歇山布瓦顶，重檐三层，通高31米，阁前是22级台阶，阁内供奉千手观音菩萨。大慈阁背后有始建于明代的关帝庙。此庙原名"汉寿亭侯庙"，倒座在大慈阁背后，坐南朝北，相当罕见。这种配置似乎是要体现佛家"慈悲"与儒道"忠义"思想的融合与传承。

最后需要补充几句，这次冀中访古之旅，我本来设定的终点是房山琉璃河燕国都城遗址，即从燕国的结束之点（燕下都）开始，到燕国的起始之点结束。但完成保定的访问、赶到琉璃河时，却得知因为京西7月底的洪水，琉璃河被淹，这里不接待访者，如此保定就是我此行的最后一站了。归纳起来，此行由北福地遗址开始，一路访问的古迹，从战国时代，经两汉南北朝，直到唐宋元明清，由帝制结束才闭门谢客的直隶总督署收尾，有如涉一次历史长河，如此甚好！

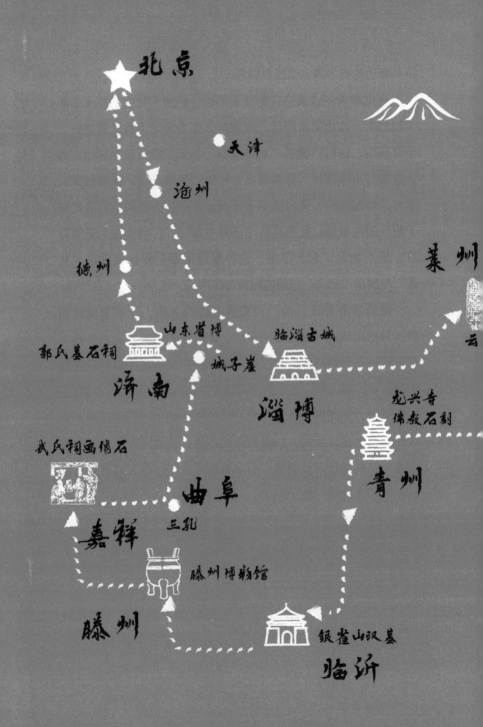

北京

天津

沧州

德州

山东省博   临淄古城

郭氏墓石祠   城子崖

济南   淄博   莱州

武氏祠画像石   龙兴寺
                                            佛教石刻

曲阜   青州

嘉祥   三孔

                滕州博物馆

滕州   银雀山汉墓

            临沂

穿行在山海之间

山东访古行

蓬莱

蓬莱阁

即墨古城

即墨

留村石墓

荣成

经过大半年的行访，我的访古几乎行遍大半个北中国，但这里有一个很大的遗憾，就是始终没有踏进山东。山东我去过多次，但多是为公务而行。作为齐鲁之邦、孔孟之乡，山东地上文物精彩，考古发现惊世，无疑应该是访古的重点，但因为各种原因，直到2024春节后才列入我的行程。

　　山东，简称鲁，其实在上古占据山东最大地域的是齐国，历史上有着更大影响的也是齐国，所以我规划的山东之行，首站就是临淄，去访问春秋战国时期的东方大国齐国的首都。之后转而向北，去考察蓬莱的宋代建筑和苏轼诗碑，然后去往威海，考察中日甲午战争的遗迹。之后循荣成、青岛一线，转至沂水，去看纪王崮春秋墓，再转而向南到临沂，参访银雀山汉墓竹简博物馆。之后向西北经滕州到嘉祥，去看武氏石祠画像石。最后到济南，去看山东省博物馆和济南城东的城子崖、城西的孝堂山郭氏墓石祠。在这个行程中，本来还包含了曲阜的孔府和青岛的崂山道教建筑群，但反复考虑，觉得这两处是旅游热点，我就不去凑热闹了，还是访问一些比较小众的文物遗迹更有意义一些。

大国之都：访齐都临淄故城

2024年3月19日，我启程开始山东的访古之行。此时的北京尽管已经是春天，可还是有一点寒风料峭的感觉，柳树才微微泛出新绿，出京之后，一路向东南，春意逐渐变浓，不仅绿柳盎然，田地里的麦苗也已是一片青绿。在这样的春天气息里，去寻访远古的文化与遗迹，心情也格外舒爽。

我的第一站是淄博。早发帝都，中午12点左右已经到达淄博博物馆。看完博物馆之后，又在淄博城中走访了几处遗迹，但见遍地都是姜太公的相关纪念物和宣传标语，感觉当地确实是将姜太公和齐都临淄作为旅游宣传的重点。不过对我而言，姜太公不重要，以他名义受封的齐国才重要。

独领风骚的齐国首都

2023年，淄博因为烧烤而大火了一把，成为举国关注的热点。不过依我看这还不能算是它的最高光时刻。谓予不信，可先体会一下这段古文："临淄之途，车毂击，人肩摩，连衽成帷，举袂成幕，挥汗成雨，家殷人足，志高气扬 。"这段出自《战国策·齐策》的话意思是，临淄城的道路上，车连车，人挤人，衣襟连起来有如帷帐，举起衣袖就成为帘幕，甩甩汗珠就成为雨水，家家殷实，人人富足，志气高昂。想想看，这是一幅何等壮丽的图景，这等繁华的程度，如今的临淄可能还有所不及吧？

临淄的建城史要上溯到西周初期。西周灭商之后，周武王大封宗族勋戚，封姜太公（姜尚）于山东北部地区，封号为齐。

姜太公可以说是家喻户晓的人物，演义小说《封神榜》中关于姜太公灭殷、之后封神的故事脍炙人口，"姜太公钓鱼，愿者上钩"的轶事更是传遍天下。姜太公（约前1128 —前1016），姜姓吕氏，名尚，字子牙，号飞熊，又称师尚父、太公望、吕望。他先后辅佐西周的文王、武王、成王、康王等四代周王，既主军，又问政，武能安邦，文能治国。据说他先在殷商为官，见纣王无道，便辞官而去，游说方国，听闻西伯姬昌贤能，就来到周地，隐于磻溪，此时已年届七十。文王姬昌认为他是奇才，奉为太师；武王继位后，拜为国师。他在牧野之战中立下首功，武王将他封为齐国之侯，都营丘（即今山东临淄），以稳定东方。姜太公在西周初年大封诸侯中，以异姓受封，所以很是了不得。

作为齐国的都城，临淄经历了西周、春秋和战国三个发展阶段。《盐铁论》中说："昔太公封营丘，辟草莱而居焉。地薄人少。"面对极其恶劣的自然条件，姜太公自齐国初建时就因地制宜，在注重发展黍、稻生产的同时，利用境内矿藏、鱼盐资源丰富的特点，大力发展冶炼、丝麻纺织、鱼盐等手工业；还大力发展商业，推行与列国通商的外贸政策。由于"农、工、商"三业并举，齐国制造的冠带衣履畅销天下，鱼盐流通列国，诸侯纷纷前来拜谒，齐国也逐步由偏僻荒凉的小

引簋及盖内铭文，铭文涉及周王册命臣子管理齐师的内容

国、穷国发展为雄踞东方的大国、富国。齐国不仅物质文化发达，精神文化也很发达，据说孔子在临淄听到韶乐，三月不知肉味，可见其音乐之美妙。

自姜太公封齐立国，到秦始皇元年（前221），秦灭齐、统一六国，临淄作为"春秋五霸之首、战国七雄之一"的齐国之都城长达800余年。这座城市在历史上发生过很多大事，比如管鲍之交、管仲相齐、桓公称霸、易牙烹子、晏婴辅政、稷下讲学、百家争鸣、景公复兴、田氏代齐、威王一飞冲天等等。那么，历史上的临淄城究竟是个什么状貌呢？

临淄齐城概说

经考古勘测可知，临淄齐国故城分大城与小城两部分，总周长约21.3公里，总面积达16平方公里。小城位于大城的西南一隅，是国君和主要大臣居住的宫城，南北2公里，东西约1.5公里，周长约7.2公里，城墙基部一般宽20～30米，最宽处达55米；大城是官吏、平民及商人居住的外城，南北4.5公里，东西3公里，周长14.1公里，城墙基宽20～43米。大城的西墙被压在小城北墙之下，表明大城建造年代早于小城。大城和小城的城墙都是用土夯筑而成。

小城的西北部有一座高大的夯土台基，为齐国宫殿高台建筑遗址，名桓公台，俗称梳洗楼、梳妆台，北距小城北墙约200余米，高14米，南北86米，东西77米。此台秦汉时称环台，魏晋时称营丘，唐长庆年间在其上建齐桓公和管子庙，故名桓公台。

小城的东北部、西距桓公台约1000米也有宫殿遗址，中央为战国时期修筑的夯土台基建筑，南北长87.5米、东西宽113米，台基高度在3米以上，且周围壁面立柱镶板，装饰完善，台上建筑有彩绘木门以及铜构件，面积在10000平方米以上，俗称"金銮殿"，应该是战国时期齐国的一处重要宫殿遗存。

文献记载齐国都城有门13座，包括雍门、申门、扬门、稷门、鹿门、章华门、东闾门、广门等。但确切方位说法不一，比较肯定的有西城墙的申门、稷门、雍门和大城东部的广门。考古勘测已探明11座城门遗址，门道宽度都在8.2米以上，最宽者达20.5米。其中小城城门五座，包括南门两座，东、西、北门各一座；大城城门六座，包括南、北门各两座，东、西门各一座。按交通干道的走向和城门的布局，还应该有西门一座，约在齐都镇永顺村北、排水道口以南，俗称"三圣门"。另一座是东门，在河崖头村南，或葛家庄以北，俗称"雪门"。至于著名的"稷下学宫"故址，发掘证明就在临淄西部的稷门之外，所以称稷下学宫。

临淄齐国故城内发现10条干道，其中小城内有3条，大城内有7条。这些干道大都为故城早期的主要交通干道，其中大城的两条南北大道与两条东西大道在东北部相交叉，形成一"井"字形，这一带应是都城中最繁华的市中心，"车毂击，人肩摩，连衽成帷，举袂成幕，挥汗成雨"的盛况应该就发生在这里。

临淄故城出土的战国时期错金银牺尊

临淄齐国故城东临淄河，西靠系水，东西两面城墙即以两道河岸为基础建起，淄河与系水成为天然的护城河，齐人又在南、北城墙外挖筑人工护城壕沟，使之与淄河系水相互沟通，形成四面碧水绕城的外部排水护城网。同时根据南高北低的自然地势，在修建城池时，设计和安排了排水道与排水口，以及时排泄自然降水和城内生活废水。其中位于西墙北段的3号排水涵洞是一处用石块垒砌的大型排水设施，过水道用石块构筑出15个方形小过水孔，水孔分上、中、下三层，每层5孔，水经石隙而过，人却不能通过，既能排水又能御敌，建造十分科学。当时临淄城的各大型建筑内的积水，通过地下排水管道和小型沟渠汇入排水干渠，排水干渠再通过城墙下的排水涵洞将积水导入城外的城壕或河流，其城市排水系统的设计和建造，代表了东周时期的最高水平。

临淄故城3号排水口

齐国故城内外还有150多座齐王和名士陵墓，被称为临淄墓群。墓群主要分布在临淄区周围几十里的范围内，著名的有姜太公衣冠冢、二王冢、四王冢、管仲墓、三士冢、晏婴墓等。经过发掘的后李春秋殉车马坑和齐景公墓前的殉马坑可称是惊

后李官村殉马坑局部

世发现。前者位于临淄齐陵镇后李官村，其1号坑全长32米，宽5米，殉车10辆，马32匹，车马配套，马首向西，6辆车前每车4匹马，另4辆车前每车2匹马。车分战车、辎重车两类，战车车舆、车轮较小，车前有铜戈、矛出土。齐国第二十五代国君齐景公之墓位于齐国故城东北部，是一座"甲"字形石椁大墓。环绕这座墓的周围，有一座全长约215米、宽5米、深2米，呈马蹄形的大型殉马坑，殉马总数达600匹左右。

出土文物与价值

临淄齐国故城内发现了冶铁、炼铜、铸钱、铸镜和制骨等多处手工作坊遗址，其中冶铁遗址6处、炼铜遗址2处、铸钱遗址2处、铸镜遗址2处、制骨作坊遗址4处，表明这里有繁荣的手工业。另外大城还发现多处陶窑遗址。作坊遗址中出土了铭文剑、"齐法化"刀币、铸范、半两钱范及残骨余料等。夯土台基周围出土大量陶质建筑材料，包括板瓦、筒瓦、瓦当等。出土的青铜器包括铺首衔环和节约，铺首衔环发现数量较多，形制可辨者共40件，另有部分单独出土的铜环及铜环残件。

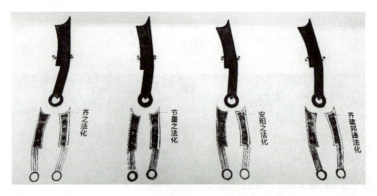

"齐法化"刀币

临淄故城出土的西周时期的龙耳簋

临淄故城出土的战国时期勾连雷纹铜敦

临淄城内外的遗址和墓葬中出土了大量的陶器、铜器、玉器、铁器，既有生活用具，也有工具、兵器和乐器，还有大量的货币以及封泥、官印等。精美的铜器以及兵器充分证明了春秋时期齐国制铜业、制陶业、丝织业等手工业的发达，以及贵族生活的豪华、居民生活的富庶。

临淄齐国故城的遗迹遗物资料与文献记载相符。大城东北部发现的西周晚期铜器群为大城的建造年代提供了重要线索。而城中普遍存在的丰富的东周时期的遗迹遗物，表明临淄齐国故城主要属于东周时期。秦汉时的临淄城似沿用了春秋战国时的齐故城，因为故城内特别是大城内遗留有丰富的汉代遗迹和遗物。魏晋以后小城继续沿用，大城已废弃不用。元代新建的临淄城，范围已经基本上在齐故城以外了。故此，可以说齐临淄故城是保存较完整的中国东周时期的一座大城市，地下有大量的遗迹遗物，对研究中国古代史有着重要价值，期待今后有更多的新发现。

佛家的千年微笑：访青州龙兴寺佛教石雕

结束了淄博的探访，我立刻直奔淄博正东的青州。青州市是由潍坊市代管的县级市，地处山东半岛中部，东临昌乐县，西靠淄博市。在青州市地域先后发现了北辛文化、大汶口文化、龙山文化的遗址，这里被称为东夷文化的发祥地。青州之名始见于《尚书·禹贡》中的"海岱惟青州"，为古"九州"之一，现今仍保存着格局完整的青州古城。然而真正使青州闻名于世的，是1996年在龙兴寺遗址出土的北魏至北宋时期的600余尊各类佛教造像。该发现被列为当年全国十大考古新发现之首，更是20世纪中国100项重大考古发现之一，着实是轰动国内、享誉世界。

其实这批文物精品我在几年前曾经看过。2015年，我陪同阎崇年先生到青州讲学，顺便看了青州博物馆，很为其中的龙兴寺造像而惊艳。因为有此前缘，所以此次山东之行，我将青州博物馆作为重要的一站。到达青州，导航带我来到青州博物馆，却发现这里是青州博物馆新馆。新馆外观很气派，内部陈列也很高端大气上档次。在青州博物馆，我不仅认真地观赏了龙兴寺佛像陈列，着实大饱了眼福，还有不少新的发现，可谓收获满满。

被意外发现的佛教造像埋藏坑

1996年10月，青州市博物馆对面的益都师范学校新操场扩建工地，施工的推土机推出一个土质与周围土质完全不同的洞口。青州市博物馆的考古专家夏名采等人挖开浮土，发现洞里有石雕人像。夏名采判断那些石人很有可能是佛像，马上带领业务人员深入调查，初步确认这是一处佛教造像窖藏。此后市博物馆一边组织人员保护现场，一边向当地政府和上级文物部门汇报，申请抢救性发掘。1996年10月7日，得到国家文物局批准，以夏名采为首的文物工作者开始正式的发掘工作。考古工作的成果，就是发现了埋藏坑中的精美绝伦的佛教造像，并进而发现了北齐至唐代的"东方之甲寺"龙兴寺。

贴金彩绘圆雕佛头像（北魏晚期）

窖藏坑南北长8.7米、东西宽6.8米，坑内有规律地埋藏有北魏、东魏、北齐至隋、唐、北宋时期的石灰石、汉白玉、花岗岩、陶、铁、木、泥塑等各类佛教造像数百尊。其中最大的高320厘米，最小的高20厘米。窖藏的造像排列有序，整齐地分上中下三层，坐像都立式摆放，较完整的身躯摆在中间，头像则沿壁边缘排放，最上层的造像上还有席纹，并有祭烧过的痕迹。在窖坑的东侧，还有运送佛像到掩埋现场的坡道。这些迹象表明，龙兴寺窖藏是有计划、有步骤、有组织的埋藏行动。据初步统计，埋藏坑中共出土各类佛教造像600余尊，钱币142枚，陶瓷器2件。

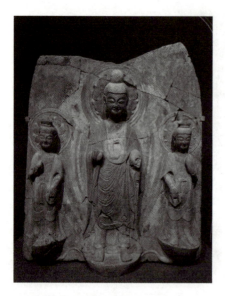

贴金彩绘背屏式佛菩萨三尊像（北魏晚期）

考古人员经过勘探，在埋藏坑的南部，发现了规模较大的建筑基址，研究认为，这是始建于南朝的龙兴寺遗址。遗址南北长200米，东西宽150米，布局有唐代以前寺院的原始风貌。已探明的大殿基础东西长30米，南北宽25米，可以想见当年的宏大规模。这也是我国目前唯一的一座平面布局清楚、保存较好的唐以前的大型寺院遗址。

南北朝初期，青州之地属于南朝，青州龙兴寺是南朝齐北海郡太守刘善明的私人佛堂。刘善明舍宅为寺，又经北魏、东魏的发展，到北齐时期，青州龙兴寺初具规模，被称为"东方之甲寺"。 唐武则天时改名为大云寺，开元年间始号"龙兴"。宋金之交，寺院因战火而日渐荒芜。到明洪武年间，青州府修建齐王府，寺院地上建筑荡然无存，龙兴寺从此消失。直到1996年10月，因佛教造像埋藏坑的发现，青州龙兴寺才被重新揭开神秘的面纱。

佛教造像概要介绍

埋藏坑出土的佛教造像分为造像碑佛像、菩萨像、罗汉像、供养人像等，目前已粘接复原的约200尊。这批造像九成以上属于北朝晚期的遗物，最早的纪年是北魏永安二年（529），更多的属于东魏、北齐时期，也有少数唐代造像，而最晚的造像纪年则是北宋天圣四年（1026）。晚期造像虽然所占比例极小，但根据考古地层学的原则，这处窖藏埋藏的时间下限应是1026年，实际的时间只可能略晚一些，而不会更早。

佛像的雕刻技艺相当高超。集圆雕、浮雕、高浮雕、透雕、线刻、贴金、彩绘等多种技法于一身的造像表情、手势各异，显示出雍容华贵的艺术效果。巧妙的构图是龙兴寺造像的一大特色。莲瓣形的背屏上，高浮雕主尊佛像与二胁侍菩萨，或只雕出主尊；背屏上部飞天环绕宝塔或龙、宝瓶飞舞，下部主尊两侧遒劲有力的龙口衔莲花、莲叶、莲蕾形成胁侍菩萨基座，背屏空余部位浅浮雕或彩绘造像头光、身光、火焰纹等。

彩绘背屏式佛立像（北魏晚期）

彩绘圆雕佛立像（北齐）

贴金彩绘背屏式佛菩萨三尊像（东魏）

贴金彩绘左协侍菩萨造像（东魏）

贴金彩绘圆雕思惟菩萨像（北齐）

随时间的推移，构图的内容和形式也有少许改变。这种艺术形式将佛教经典的内容集中展现在有限的空间内，营造出一派欢乐祥和的气氛。

观察这批佛教造像，可以看出，北魏时青州造像更多是北方中原的跟随者，自东魏开始，山东样式的风格开始逐渐显现，大背屏的组雕造像极富特色，秀骨清像变幻出曼妙的曲线，背屏上方有飞天及宝塔，而下部则有双龙盘旋腾飞，这样特殊的组合方式和精致繁复的衣纹，正是青州之地曾受南方文化主导的重要例证。

到了北齐时代，秀骨清像的造像特征已被新的造像风格所取代，背屏式的浮雕造像几乎消失。单体的圆雕造像面部大多丰满圆润。与北魏造像厚重的服饰不同，北齐造像表现出了完全不同的审美情趣，所有造像的服饰都轻薄贴体，显露出健康优美的身段。这些佛像或是采用凸棱的方式刻出衣纹，好像打湿的衣衫紧贴身体；或是身上没有任何皱褶，肌肤的轮廓充分显现着人体的优美，很可能就是文献中记载过的"曹衣出水"的样式。因浓郁的地方特色和独特的艺术风格，这批佛教造像被学界赞誉为"青州风格"，牛津大学副校长、英国学术院院士罗森女爵士称这一发现是"改写东方美术史的重大发现"。

青州龙兴寺佛教造像保留了较为完好的贴金和彩绘装饰。贴金用于佛像皮肤裸露处，表示佛为金身，也用于装饰纹样和饰品；彩绘在造像的运用上更为广泛，服饰的颜色和样式、装饰花纹等都要敷彩，在佛衣上更有彩绘或雕刻结合，表现佛传故事。彩绘与雕塑的完美结合，使造像更富有层次感，金与彩也使佛、菩萨的世界更神圣绚丽、充满生机。

这里专门介绍一尊东魏贴金彩绘菩萨造像。这尊造像残高36厘米，高浮雕，石灰石质，为一铺三身背屏式造像的左胁侍菩萨。菩萨面含微笑，丹凤目，头顶饰一环形花冠，额前长发梳成五个圆瓣，脑后长发分成两条发辫沿双肩垂至上臂，并在双肩部各饰一圆形发卡。颈佩贴金项圈、璎珞，身着天衣，披帛沿双肘下垂。衣饰黑彩，头光浮雕莲花。整座佛像雕刻精致、金彩同辉，比例恰到好处，造型端庄秀美，轮廓线简洁流畅，衣饰繁而不缛。菩萨的表情宁静高贵，身姿自然舒展，富有活力，表现出古代工匠高超的艺术造诣。

青州造像的价值与研究

前面说过，东魏之前，青州地区的佛教造像还是受南方文化主导。到了北齐，造像的薄衣开始透出身体的曲线，繁饰的衣纹消失殆尽，而成就出一种极为简练的艺术风格。这种带有鲜明的笈多王朝特征的佛教造像背后，有着特殊的时代背景。那个年代，南方的萧梁武帝奉请天竺佛像，而北方高齐的意识形态中开始消除北魏施行多年的汉化影响，这种来自遥远的南亚的风格才融入中原、征服青州一带。而大家曹仲达领衔的"曹衣出水"的艺术风格，也因此成为北齐艺术的璀璨明珠。

这批佛教造像的出土，不仅艺术价值极高，意义也十分重大。它们弥补了中国佛教艺术中东魏和北齐佛教的实物资料。这些佛像大多保留着鲜艳的彩绘和贴金，而过去人们认为佛教造像都是素面无色的。这些佛像的出土还反映了当时佛教文化的盛行和人们对佛教的信仰与崇拜，为研究者了解当时的社会历史和文化背景提供了重要线索。

贴金彩绘圆雕佛头像（东魏至北齐）　　贴金彩绘圆雕菩萨立像（北齐至隋）

对于这批造像的研究仍在进行之中。对于造像的时代、风格的研究似乎没有分歧，但对于埋藏坑的性质、埋藏坑南面的建筑基址是否即为龙兴寺、佛像的来源及功用、埋藏的时间及原因等都有不同的认识。比如有人就认为，从佛像的风格、题记等观察，这些佛像不应属于龙兴寺，一座寺庙不应有这么多风格不同、大小不一的佛像，而应该属于以青州地区为主的若干寺院、若干佛堂、若干家庭、若干坛场；这些佛像的毁坏，也不是同一时期的，而是一个常见的、持续的、散点式的普遍现象，发生于多个时间、多种原因、多处地点，且多次被毁。窖藏佛像原本的拥有者，是南阳城的石佛像修缮坊。埋藏的原因则是宋金时代的战火所累。

反复观赏这批佛教造像，我深深地认识到，是青州深厚的文化底蕴，才造就了这样一批古代的无名艺术家，他们运用圆雕、浮雕、减地平雕、线刻等多种技法，创造出这些极富艺术感染力的佛教造像。从佛、菩萨含笑欲语的面庞、柔美飘逸的服饰、灵动的手足，到舞动的飞天、遒劲的神龙、盛开的莲花，他们用至诚的匠心，在一凿一锤中赋予冰冷的石头以鲜活的生命力，将佛菩萨的世界变成人的世界。这是中华文明的宝贵遗产，也是我们应世代守护的精神财富。

汉家仪仗：香山汉墓陪葬坑的价值

到青州博物馆，是为了细看龙兴寺的石雕佛像，但进入博物馆后，我又有了新的发现，比如香山汉墓陪葬坑的出土品。

偶然发现的宝藏

这里所说的香山，位于山东省青州市，它虽然没有北京的香山名气大，但有着自己的传奇色彩和悠久历史。

我们都知道许由洗耳的典故，是说尧要把天下让给许由，许由不受而逃走，遁于箕山之下；尧又召其为九州长，许由不想听到这样的消息，就去以河水洗耳。据说许由洗耳的河流就是香山西侧的洗耳河。《史记·夏本纪》还记载："禹以天下授益，三年丧毕，益让帝禹之子启，而避居箕山之阳。"是说禹本拟传位于益，但被儿子启篡了位，国天下成了家天下，益只好回到青州箕山（即香山）。据说他在这里写出了《山海经》。

在郦道元的《水经注》中，香山被称为"山其山"，是青州东部唯一的山峰。它的海拔只有189米，虽然不高，但矗立在平原上，显得非常雄伟壮观。香山还有一个奇特之处：从高空俯视，整座山峰好像一个大元宝，所以当地人也称其为"元宝山"。风水专家认为此山是风水宝地，下面肯定埋有大型陵墓。

陪葬坑出土情况

2006年夏天，青州市谭坊镇大赵村修建道路，在香山脚下挖出了很多陶器。村干部立刻将此事上报给文物部门。山东省考古队接到消息之后非常重视，立刻派人前往调查勘探，发现被村民挖出来的陶器属于一座大型陵墓的陪葬坑，年代应该在西汉早期。为使古墓不被进一步破坏，考古队立刻对其进行抢救性发掘。经过两个多月的工作，陪葬坑发掘顺利完成，并勘探清楚大墓的规模。陪葬坑出土了不少奢华的随葬品，尤其是大量的彩绘陶俑。通过研究，发掘者认为墓葬的主人应该是西汉开国皇帝汉高祖刘邦的孙子、齐王刘肥的儿子、菑川国的第一代国王刘贤。《汉书》记载，刘贤在汉文帝时被封为武城侯，后改封菑川王。

香山汉墓所在的位置，在西汉时期属于菑川国，由此向北20里，就是汉朝菑川国国都剧城遗址（今山东寿光市纪台）。香山是菑川国境内唯一的山峰，在此修建陵墓，风水最佳。汉朝规矩，诸侯国王死后，陵墓必须修建在封地内。史载刘贤于文帝十六年就藩菑川，在位共11年，景帝三年（前154），因为参加"七国之乱"，在封地畏罪自杀。刘贤既然是死在封地内，在当地安葬就是顺理成章的，何况就发掘所见，香山汉墓的修建是非常仓促的，陪葬坑中的很多随葬品都是胡乱摆放的，这样的状况与刘贤畏罪自杀、突然死亡的记载非常吻合。当然，要确定这一推测，还有待于将来对于主墓的正式发掘。

奢华的随葬品与陪葬俑阵

香山汉墓属于"甲"字形大型土坑竖穴墓，这是汉代诸侯王一级人物的葬制。陪葬坑位于墓葬的西北角，坑内的陶质随葬品装在三个木箱内，分三层摞叠放置。为了防潮，坑底事先铺有一层厚5～10厘米的木炭，木箱便放置在木炭之上。

陪葬坑中出土有数百件陶礼器及生活用器，以及大量的铁器、铜器，还有少量的弩机、箭镞。陶器多为专为陪葬而制作的"明器"，种类丰富，数量多达600余件，包括鼎、盒、壶、盘、盆、尊、耳杯、簸箕、刀等，鼎、壶、钫的造型为仿铜器，制作都比较精巧细致，器表一般绘有朱、紫等色的彩绘，图案主要为云气纹。金属器均为明器。铁器主要有戈、矛、剑、环首刀等，数量大，形体较小，锈蚀严重。

香山汉墓陪葬坑中最重要的发现，是数量达1000多件的陶俑。陶俑种类丰富，造型各异，包括仪仗俑、牺牲俑、家禽俑三类，具体有人、马、牛、羊、猪、狗、鸡等。

人俑可分为立俑、骑俑两类。立俑有大、中、小三种，前两种皆男俑，后者为女俑和兵俑。男俑比较高大；女俑比较小巧，发髻宛然，身姿婀娜。人俑的衣冠服饰保存较好，服饰颜色有紫、粉红、黄、粉青、黑色等，色彩丰富；骑俑的服装有彩绘卷云纹等装饰，精美细致，鲜艳华丽。人俑面容清晰，五官、胡须、冠服等细节的表现手法极具真实感。如俑的冠帽带，有的是在俑下颌处用紫褐色彩绘勾勒而成，有的则是用泥条粘贴在俑的下巴上。在制作上，大俑一般为俑头和身分别制作、烧造，然后用胶黏结起来；小俑则直接黏合成体，然后烧造。因彩绘骑俑是与彩绘套马配套的，因此骑俑双腿呈跨马状，左右分开；右手下垂，左手半握，手中似有兵器。

男立俑

女立俑

骑马俑

　　陶马约350件，都高大健硕，大多数彩绘保存较好，马具马饰一应俱全。马的鼻、眼、耳、尾等部位非常逼真。马俑分白色和红色两种。白色彩绘陶马与彩绘骑俑搭配，体型健壮，昂首挺胸，两眼圆睁外突，嘴部微张；前腿直立，后腿微曲；马尾为单独做好后插入；马身通体施白色，同时红色彩绘出马具。红色彩绘陶马四腿残缺，马头为单独烧造后再与马身合体，通体施红色彩绘；头部的当卢、节约、铜泡等马具描绘工细，马身上的马鞍、革带，甚至马鞍上的装饰都清晰可见。

红彩陶马（上）和白彩陶马（下）表现的鞍鞯情况

　　此外还发现两辆陶车。车前四马，中间两马驾辕，车厢内外皆施彩绘纹饰。另又有陶猪、牛、羊、狗、鸡约250件，牛、羊身体肥硕，鸡分雌雄。这些动物俑或卧或立，形态各异，有很高的艺术性。

香山汉墓陪葬坑的意义

青州香山汉墓陪葬坑的发掘是汉代考古的重要发现，为研究汉代的物质文化提供了难得的实物资料。比如，陶马、陶俑多为分模制作，烧制好后按照刻画的文字符号，分类用粘接材料进行对接后，再画彩绘，成品的人物和动物或张口长啸，或昂首侧目，或低头嘶鸣，各具神态，有很高的历史价值和艺术价值。

香山汉墓陪葬坑的俑列

汉代陶俑的性质与秦始皇陵兵马俑类似，主要作为陪葬之用。我们知道，商周时期流行人殉制度，即用活的战俘和奴隶陪葬，到了战国时期，人殉制度衰落，陶俑出现，并逐渐取代人殉。到了秦代，陶俑还是高度仿真的。秦始皇陵兵马俑坑的1号坑内出土各类军士俑多达7000件。这些兵马俑都同真人等高，手持的青铜剑、矛、箭、弩机、铜戟等各种青铜兵器和铁器也都是实用兵器，是秦代军队的艺术再现。

这种情况到汉代发生变化。汉代陶俑有多处发现，其个体尺寸都比秦代小很多，但是内容更加丰富，除了仪仗队列外，还有官吏俑、女侍俑，甚至还有鸡鸭、牛羊等动物俑。之所以会有如此不同，是由于时代环境不同了。汉代，尤其是文景之治后，国家相对稳定，所以皇帝和诸侯王去世后，陪葬陶俑也更多地具有仪仗性质，多表现日常生活、出行，故此，与秦代兵马俑剑拔弩张的紧张不同，汉俑的总体风格是平和、安详，表明墓主人是期望到另一个世界继续享乐，而非继续打仗。

香山汉墓陪葬俑的彩绘服饰，包括首服、身服、鞋履，均保存完整。身服包括三重或两重衣，外衣或为深衣（上下衣连在一起的长衣），或为短衣，体现出汉代服饰的典雅大气和庄重华美。

出土的彩绘男立俑身穿交领右衽长袍，窄袖，外衣曳地，衣裾外侈，只露鞋尖；鞋子由彩绘而成，鞋尖部亦有红色彩绘；发式中分，头戴冠，冠带以彩绘的形式表现，系于颔下；面部施白彩，用墨线画出眉毛、眼球、胡须，嘴巴施红彩，脸型饱满，神情严肃；身着内外三层衣，分别以红、白、紫三色加以区分，外衣用红色勾边，衣服主体为紫色。

出土的彩绘侍女俑前额发鬓左右平分，长发后梳，于肩部挽鬓，留一缕下垂至腰间；面部施彩与男俑相同；着三重衣，内衣为圆领，中衣为右衽深衣，外衣为右衽曲裾深衣，衣角外侈，不露足；双腿微屈；腰间彩绘有下垂的红色、紫色云纹丝带；双手拱于胸前，温婉娴静。香山汉墓陪葬坑出土的侍女俑发式普遍比较简单朴实，为身后或头后绾鬓，发鬓的位置都比较低。文献记载汉代女子发式流行堕马髻，这是一种稍微倾斜的发式，侍女俑的发式与之接近。

出土的彩绘骑俑发式中分，头戴冠，冠带以彩绘的形式表现，系于颌下；面部施粉彩，同样是用墨线画出眉毛、眼球、胡须，嘴巴施红彩；身着三层衣，中衣为右衽白领红衣，外衣为右衽长袍，腰间系彩绘腰带，上饰连珠纹。

香山汉墓陪葬坑的出土文物，向人们展现了璀璨的汉代文化面貌，彰显出华丽典雅的汉初气象，是中华历史和文化遗产的重要组成部分，值得我们反复品味和观赏。

北齐山东的丝路来客：青州画像石反映的中外交流

在青州博物馆，看完龙兴寺佛教造像展之后，我徘徊不去，在展厅中继续观赏，无意间，发现南北朝隋唐时期的展厅里有一排黑黑的画像石。山东是画像石之乡，此次山东之行，我本来就准备重点考察几处画像石出土地，没想到在青州就看到了，当然不能错过。我近前细看，才发现展品说明文字，知道这批画像石不是典型的汉代画像石，而是发现于青州傅家庄的"粟特艺术风格的石棺床构件"。这个倒勾起了我的兴趣。

青州画像石棺床的发现

1971年春，山东省益都县博物馆的工作人员钟轶、魏振圣在位于益都县城西南4公里的五里公社傅家大队征集到一组线刻画像石。这些画像石是当地群众在村东南兴修水利工程时发现的。但征集到的只是部分石板，大部分石板已被砌于水库大坝底部，无法找到了。据后来担任青州博物馆副馆长的夏名采先生的实地调查，认定这是石室墓的构件。他1985年发表在《文物》上的文章中写道："据施工现场的群众介绍：墓向南，墓室呈长方形，南北长近5米、东西宽约4米，南有长约5米、宽近2米的甬道。墓室和甬道均用上、下两列石板砌成。此墓早年被盗，墓内除一方墓志外，未见其他文物。因墓志被压于大坝基底，墓主人姓氏已无法查考，仅知卒葬于北齐'武平四年'（573）。"有此纪年，该墓年代为北齐应无疑义。

由于墓志已经无法找到，所以墓主人身份成谜。不过，可以断定的是，墓葬中使用了画像石，墓主人便肯定不是一般的平民。从画像石的内容看，若干块画像石中，都有一个北齐官人的形象，他头戴上翘折巾式冠，长簪别于冠和发髻中，居于画面主体地位。此人应该就是墓主人。再结合其他画像石中出现的华盖、羽葆、团扇、牛车等只能是官府之人才可使用的仪仗图像，可以确定墓主人生前应该是北齐的贵族或高官。

青州画像石的具体内容

这批画像石是将石灰岩质石板磨制加工后，用阴线刻出图像，线条细腻、流畅、简洁。画像石共9块，大小、厚薄不完全一致，高130～135厘米，宽80～84厘米，厚10～30厘米。由于时间久远，再加上遭受破坏，石板有些残损。所幸此前郑岩先生对此有过研究，临摹了全部画像，征得他的同意，我在这里引用郑岩先生的摹品，以便让大家可以清楚地了解画像石主要的情节、场面。下面我就根据原始报告，介绍一下这批画像石的内容。

商旅驮运图　画面中央一人右手牵骆驼和马，左手挂木棍，向前方行进。此人深目高鼻，短发，上穿翻领衫，腰系带，带上有块状饰物，右佩筹囊（装算筹的囊袋），左挂短剑，下着紧腿裤，脚穿尖头鞋。骆驼背上有条纹的鞍具，鞍具右侧最下方为一个人面纹形象。驼峰右侧挂有一叠物品，外侧悬挂着釜，因负载较重，张嘴喘息。

商谈图　此图画面中央，右侧一人端坐于筌蹄（南北朝时的一种坐具，后来演变为腰鼓状的绣墩）上，头戴上翘折巾式冠，长簪插于冠和发髻之中，内穿圆领衣，外套交领广袖袍服；腰系带，带上有块状饰物，并悬挂环状物与筹囊；下穿紧腿裤，脚穿尖头鞋。他左手执高柄杯，右腿盘于左膝之上。与其相对的人深目勾鼻、头发卷曲，身穿翻领联珠纹长袍，其他

商旅驮运图（郑岩摹本）

商谈图（郑岩摹本）

饮食图（郑岩摹本）

车御图（郑岩摹本）

衣饰同第一图。此人面相肥胖，手捧高柄杯，上身前倾，双腿微曲，似正在倾听。身旁立一人，头戴巾子，内穿圆领衣，外套交领长袍，下穿紧腿裤，脚穿尖头鞋，双手托盘，内盛珊瑚状物。

饮食图　画面中心一人跽坐于垫子上，头戴折巾式冠，上唇留有短须，穿右衽袍服，右手搭于身前长几之上。其身侧跽坐一人，深目勾鼻，头发卷曲，穿左衽窄袖袍服，腰系带，手举华盖。旁有鞍具齐全的马匹，马尾下垂，俯首作喘息状。

主仆交谈图　画面为三人交谈场景。最前方一人身材高大，头戴折巾式冠，长簪横贯于冠和发髻之中。内穿圆领衣，外套交领右衽窄袖袍服。对面一人身形瘦小，深目高鼻，头发梳向脑后，左手上举于胸前，身体向前微倾，作交谈状。另有一人立于两人身侧。

象戏图　画面中心为一人牵着一头驮有方形基座的大象。象背上所驮方形基座的座栏上有六个桃形饰物，方座下为边缘饰覆莲纹的垫子。画面上方描绘远山，山中有四角攒尖建筑物。

车御图　画面中央为一人牵引牛车前行。车前两侧各立一超出车顶的柱，上挂莲花饰件，车的左侧一人深目勾鼻，头发卷曲，牵牛而行。牛车右侧另有一人一马随车行进。

轿乘图　此石断为两块，下部左侧角残。画面中部前后各两匹马抬一行帐前行。帐下方一犬随行。画面右侧一人露出上半身。画面上部刻连绵山峦，山间有攒尖顶建筑，正面有门。

出行图之一　此石断为三块，中部略残。画面中心为后腿弯曲的骏马，马头微低，马鞍、镫齐全，马尾下垂。马左侧站一人，回首与身后的人作交谈状。身后之人手执华盖，与前人相视。马前一人作牵马状。

出行图之二　此石断为三块，右侧中部缺一角。画面中心为一人骑骏马，右手握缰绳，脚踩马镫。马前一人面向他而立。马后紧跟一人，左手执障扇，障扇后有羽葆露出。

这批画像石中每幅画像均为单独的画面，反映了墓主人生前的活动经历。画像中的人物及鞍马等造型准确、姿态生动；人物面相圆润丰腴，服饰写实；马匹或转首、或嘶鸣，生动传神。画像描绘了许多生活细节，特别是商旅驼运图和商谈图更为珍贵，似是反映了当时中外贸易的情景。画面线条流畅，形象塑造技术精纯，是代表北朝雕刻艺术水平的珍品。

在这些画像石的图像中，屡次出现深目、高鼻、短发，身着翻领上衣和紧身裤、腰佩囊袋的胡人形象。胡人腰上所佩的囊袋叫"筭囊"，里面装有算筹，是古代计数运算的工具，在贸易结算中必不可少。《商谈图》中的胡人衣着华丽考究，面相丰满，当为胡商的形象。有必要特别指出，这时的"胡人"已经不是战国秦汉时期的北方民族，而是通过丝绸之路、从遥远的中亚来到中原的西方商人。有研究者认为，在北朝隋唐时期，粟特人是欧亚大陆丝绸之路上的商业民族，此胡商很有可能就是一位粟特商人。

从青州画像石中，我们可以看到，当时来自西方的文化因素已很多样，比如画像石上作为装饰的忍冬纹，比如人物的服饰，比如"筌蹄"这样的带有异域风情的坐具。在《商谈图》中，我们甚至可以看出，墓主人的坐姿也与通常所见的中原汉人不同。他并不是正襟危坐，而是右腿盘于左膝之上，显得比较随意、自在。由此可知，当时通过丝绸之路，来自西方的文化元素已经融入北齐人的日常生活中。

粟特人在中国史籍中被称为"昭武九姓"，他们善于经商，主要信仰袄教（拜火教），南北朝以后曾大批进入中国新疆和内地。北朝及隋唐时曾设立专门管理袄教和粟特人事务的官职，称作萨保、萨宝或萨甫。据郑岩先生研究，近些年，一批北朝至隋代进入中原的西域粟特人的墓葬相继被发现，包括西安北郊北周天和六年（571）车骑大将军大天主康业墓、北周大象元年（579）同州萨保安伽墓、大象二年（580）凉州萨保史君墓、甘肃天水石马坪北朝墓和太原王郭村隋开皇十二年（592）虞弘（北周时曾任职于"检校萨保府"）墓等。青州发现的粟特人墓葬在以上发现中属于年代比较早的，又处于丝绸之路的最东端，由此可知北齐时期中外贸易往来、文化交流已很频繁，青州地区作为中国北朝东部地区重要政治和经济中心，在丝绸之路上有着重要的地位。

青州画像石的时代际遇

看完这批画像石的图像资料之后，我通过翻查文献，还知道了青州画像石身后的曲折遇合。

前面说过，这些画像石发现于1971年，当时正是"文革"中期，在那个动乱年代，偶然出土的这几方画像石，施工者竟然没有把它们作为"四旧"砸毁，而是收集起来；幸运的是，当时益都县（青州的前身）文物机构还存在，文物工作者还在为保护文物而工作，将它们收进博物馆，从而得以保存下来。

　　不过画像石入馆后，因正处于"批林批孔"运动之中，人们无心整理，也无处发表，期间博物馆办展览，还将画面中有狗的一件和一些残件作为基石，砌进了房基。1983年秋，中央美术学院的专家到博物馆参观，见到部分画像石，认为这批资料非常重要，应尽快整理发表。当时还是博物馆研究人员的夏名采便将保管的8件加以整理发表。1988年博物馆新馆建成，砌入房基的画像石也重现于世。

　　青州画像石的资料公开后，它们的价值逐渐被挖掘出来，并以其重要性被确定为国家一级文物，对其的研究也有了长足的进展。比如有研究者就认为以往定名的《商谈图》实应为《大齐职贡图》，它表达的是北齐鸿胪卿（主管外交事务的最高长官）崔国，正在代表朝廷接受波斯萨珊贡使进献奇珍异宝螺杯、珊瑚的场景。以《大齐职贡图》为核心，《大齐职贡图》（原商谈图）、《迎接贡使图》（原主仆交谈图）、《送别贡使图》（原饮食图）、《骑马羽团出行图》（原出行图之二）、《备马华盖出行图》（原出行图之一）表现的是墓主生前履行职责和出行的情景；《马轿出行图》（原轿乘图）、

《象舆出行图》（原象戏图）、《胡人驼马出行图》（原商旅驮运图）、《牛车人马出行图》（原车御图）则以墓主形象的缺失来表达他死后的出行场景。

在我的访古之行中，与这样一批来自异域的形象不期而遇，并可以形成文字介绍给大家，也算是一种缘分吧？

云峰山上观神品：访莱州云峰山摩崖刻石

早就知道云峰山摩崖石刻的名气。我在30多年前，编辑《四山摩崖石刻》这本书的时候，就听人说，北魏书法艺术有三大宝库，一是龙门造像题记，二是四山摩崖石刻，三便是云峰山摩崖石刻。"龙门二十品"我在龙门看过，"四山"我经手出过书，此次山东访古，要向山东半岛一行，云峰山正位于由青州通往蓬莱的路上，所以这次正好顺路，可以亲身考察一番。

云峰山，又名文峰山，位于莱州市区东南7.5公里处。其主峰东西两侧各有一峰，形同笔架，故当地人称笔架山。此山虽海拔仅300余米，却山岩耸秀，林壑优美。云峰山不仅以山峦奇丽、风光绚丽著称，更以其拥有众多的北朝摩崖刻石名传千秋、饮誉中外，在中国书法艺术史上有着重要的地位，也因此被定为国家重点文物保护单位。

云峰山摩崖石刻的内容

说起来，这么重要的云峰山摩崖石刻其实只同一个人有关，这个人就是郑道昭。

郑道昭（？—516）出身于中原地区四大望族之一的荥阳郑氏，为北魏大臣郑羲幼子，字僖伯，自号中岳先生，著名书法家。他少而好学，博览群书，曾入中书学，入仕即任秘书郎，很受孝文帝拓跋宏信任，后受到从弟郑思的牵连而被贬，转而担任司徒元详的谘议参军。正始元年（504）后，郑道昭曾先后三次上表，劝谏宣武帝元恪重视教育。永平三年（510）他被任命为光州刺史，延昌二年（513）转任青州刺史，后入朝任秘书监。熙平元年（516）他因暴病而亡，获赠镇北将军、相州刺史，谥"文恭"。

北魏自孝文帝从平城迁都洛阳后，立碑之风大兴，逐渐成为一种时尚，书艺也因而大进，并形成各种流派。书法家郑道昭在任光州刺史期间，曾周游云峰诸山，乘兴写了很多书法作品，经过刻石工匠精心雕刻，成为摩崖刻石，保存至今，是北朝刻石传世最多者，甚为研究者所重。

云峰山共有历代刻石35处，其中北朝刻石17处（北魏16、北齐1）。山阴半腰以《郑文公下碑》为起点，向上有《论经书诗》《观海童诗》《咏飞仙室诗》；山顶以"云峰之山"题字为中心，周围有"九仙题字"，东西两侧峰的左阙西壁有"左阙""山门"两处题字及郑述祖《重登云峰山记》，阙口南端巨石平面刻"当门石坐"题字，右阙有"右阙"题字。

在这些石刻中，最珍贵的碑刻当属《郑文公碑》。此碑

云峰山右阙刻石拓本

系郑道昭所书，是魏碑书法的代表作品，书风堪称隶楷之极。有人评价称："云峰魏碑，承汉隶之余韵，启唐楷之先声。不失为一代名作，无愧于千古佳品。"《郑文公碑》有上、下两碑，内容相近，都是歌颂郑道昭的父亲郑羲的政德的。二碑一先一后，均刻于北魏永平四年（511）。上碑刻于平度县天柱山，下碑刻于云峰山。下碑石质极佳，字也略大，字体丰腴流畅，流播甚广，今天提到《郑文公碑》，都是指的下碑。我们看到的北魏造像、墓志，书风大多欹侧方棱，雄强刚劲，此碑却平和蕴藉，锋芒不露，显得内刚外柔，字字方整，笔笔曲折，包世臣《艺舟双楫》称其为"篆势，分韵，草情毕具"。

《郑文公碑》拓本局部

　　《论经书诗》是描述郑道昭与朋友论经讲道的五言诗碑刻。此碑刻于云峰山山阴，计20行，每行7字至21字不等，因山石取势，故呈不规则状。此碑笔力雄健，气势磅礴，古拙宽博，凝练豪宕，书品不在《郑文公碑》之下。

　　《观海童诗》又名《观海岛诗》，是一首五言写景抒情诗，刻于云峰山西峰。字径与《论经书诗》相近，计13行，每行8字。此碑笔画方棱，严整有力，虽不像《论经书诗》般豪放，但凝重敦实，给人以雄伟庄重之感。康有为在《广艺舟双楫》中称其"高气秀韵，馨芬溢目"，评价甚高。

　　向山上行去，路边时有郑道昭所题字的摩崖石刻，包括山顶左阙的"云峰山之左阙也""郑公之所当门石坐也""中岳先生荥阳郑道昭青烟之寺也"以及"此山上有九仙之名""安期子驾龙栖蓬莱之山""王子晋驾凤栖太室之山""羡门子驾日栖昆仑之山"等题字，不过"九仙之名"的碑石有的已经漫漶，且石体已经剥落，收藏在山下的陈列室中。

郑道昭与书法艺术

郑道昭是洛派的书法家，不仅发展了方折的书风，而且吸收民间圆笔作书的特色，创造了洛派真书中规矩整饬、结构严密的圆笔流派，叶昌炽称其为"书中之圣"。他生性闲适散逸，喜游山水，好为诗赋，尤工书法，在光州任职期间，于各地题刻甚多，除云峰山摩崖石刻外，还有莱州城东大基山15处、天柱山（今属平度市）8处。魏晋南北朝时期，是汉字由汉隶向楷书发展变化的时期，郑道昭融诸家之长于一体，刻意创新，笔力苍

郑道昭刻石拓本　　　　　　"此山上有九仙之名"刻石拓本

劲雄健，结构严谨，运笔娴熟自然。其代表作即为《郑文公下碑》。康有为称其"体高气逸，密致而通理，如仰人啸树，海客泛槎，令人想象不尽"。

1500年以来，人们都视南朝（东晋）书法为书法正统，北朝书法遭到贬低，鲜少有人问津。这种情况在晚清之时有所改善，包世臣、阮元等人都高度评价郑道昭的书法造诣，到了康有为时已是评价极高，叶昌炽在《语石》中更是称郑道昭为"书中之圣"。以我这书法艺术的门外汉，在现场看到郑道昭的书法作品时，也眼前一亮，确实不同于以往所见之北魏书法的风格，有自己的独特意蕴在焉！

摩崖刻石传世之秘

由郑道昭刻石的511年，到今天已经是1513年过去了。按一般的印象，就是宋明时代的碑刻，也已经是模糊不清了，但郑道昭刻石总体上还十分清晰，这是为什么呢？

云峰山刻石能够很好地保存至今绝不是偶然的，而是同郑道昭善于选择刻石的石质有直接关系。郑道昭认识到，一块成功的摩崖刻石，不仅在于文词的华丽、书艺的高超，刻石的石质也至关重要。石头的质地是"刊石铭德，与日永扬"的关键条件。我在登山观摩刻石时看到，同处一山的《郑文公碑》与宋代刻石的风化受损程度明显不一样：下碑已有1500余年，字迹尚清晰，而年代较晚近的刻于宋崇宁年间（1103—1107）的宋代刻石却已漫漶不清。由此可知刻石的保存质量关键还在于石质的优劣。

虽然今天《郑文公碑》已经用碑亭保护起来，但我们也可看到，各处的云峰山刻石多系利用天然岩石，依山凿刻，或矗立、或斜依、或偃卧，不受岩石大小的约束，大者数米，小者不足一米，字数多者1200余字，少者不足10字，千奇百怪。刻石的设计不受框框限制，既考虑章法，又因石取势。最负盛名的《郑文公下碑》刻面稍经加工，高2.65米，宽3.67米，面积为山中诸刻石之冠。由于石质坚优，刻工精巧，今天看去依然字迹清晰，点划棱角分明，堪称古代书法艺术的瑰宝。我们还可以看到，在《郑文公碑》一千多字的石面偏左，有一条由上而下的约15公分宽的粗劣石线斜穿而过，所以碑刻上在不宜刻字的部位便索性略过，以至在一行完整的刻石中留出一字或数字的空白。这种章法上的闪让交错、上下贯联，给人带来的却是庄重、古朴的感觉。

从云峰山刻石可以看出，北魏时期，即使是边远地区的山东半岛（当时的光州），在雕刻艺术上也已有了相当高超的水平，可说是纯熟自如。在刀法上，此地的雕刻多以圆刀代替平直的刀法，早期粗放方整，继而方圆结合，笔锋的顿挫运转都有清晰的表现。即使在1400余年后的今天，我们看到云峰山摩崖刻石那刚劲挺拔、沉雄浑博的字体，不仅为刻石的气派宏大所惊艳，更为那些刻石工匠的高超技艺而赞叹。

海隅古建萃珍：山东半岛地上文物掠影

在云峰山上观赏石刻，下得山来，驱车向东北，100多公里后，就是蓬莱。从蓬莱开始，我花了两天的时间，经威海、荣成，开车直到即墨。一路上都是紧贴海岸而行，时不时就会在公路上看到蔚蓝的海面。略有一点遗憾的是，在威海因为大雾，没能进入刘公岛考察甲午战争遗迹。所以，从莱州云峰山到即墨，沿路所见都是地上文物，其中尤以蓬莱阁、留村石墓、即墨古城最有特色。

蓬莱阁上看宋构

蓬莱阁位于山东省烟台市蓬莱区蓬莱水城景区内，建在丹崖山上，始建于北宋嘉祐六年（1061），历代屡加修葺，没有经过重建，至今仍保持北宋原貌。

蓬莱，本是出于"海上三山"的传说。晋王嘉《拾遗记·高辛》："三壶，则海中三山也。一曰方壶，则方丈也；二曰蓬壶，则蓬莱也；三曰瀛壶，则瀛洲也。"海上三山本是虚无缥缈之事，后来便把丹崖山命名为蓬莱了。蓬莱阁因"八仙过海"传说和"海市蜃楼"奇观而闻名四海，"蓬莱十大景"中有八景位于蓬莱阁。蓬莱阁自古就有"人间仙境"之美誉，与湖南岳阳的岳阳楼、江西南昌的滕王阁、湖北武汉的黄鹤楼并称为"中国四大名楼"，世称"江北第一阁"。

唐贞观年间，有渔民在丹崖山巅建广德王庙，僧人在山南麓建弥陀寺。唐开元年间，有道人于广德王庙东建三清殿。北宋嘉祐六年，登州知州朱处约迁广德王庙于西偏，重建为龙王宫，在广德王庙旧址上始建蓬莱阁。元丰八年（1085），苏轼任登州知州，登临蓬莱阁，作《望海》《海市诗》《北海十二石记》等诗文，并勒石为记。元符元年（1098），登州知州张万宪督建苏公祠于蓬莱阁南，并镌苏公像于祠内，镌碑以记。宣和四年（1122），于蓬莱阁西南建灵祥庙（天后宫），共48间，祀海神灵惠。至此，蓬莱阁便有了白云宫三清殿、吕祖殿、苏公祠、天后宫、龙王宫、蓬莱阁主体建筑、弥陀寺等几组建筑，统称为蓬莱阁。这些建筑后代虽屡遭破坏，又屡次修补，但建筑主体没有改变。

蓬莱阁

我以前到过蓬莱，此次登临，主要就是来看蓬莱阁主体建筑，也即狭义的蓬莱阁以及苏公祠的。蓬莱阁在蓬莱阁建筑群后部居中，高15米，坐北朝南，为双层木结构楼阁建筑，重檐八角，阁上四周环以明廊，可供游人登临远眺，是观赏"海市蜃楼"的最佳处所。

蓬莱阁底层四面有回廊，北墙外壁嵌有"碧海清风""海不扬波""寰海镜清"刻石三方。二层阁门南向，门外额书"碧海春融"，内额书"神州胜境"，阁内北壁正中高悬清代书法名家铁保所书之"蓬莱阁"巨匾。今时阁内已无法登临，据资料，是木质梁柱，彩绘"蓬莱十大景""八仙图""风竹图"等图案，中央塑有根据"八仙过海"传说创作的"八仙醉酒"组塑。

苏公祠位于卧碑亭东邻，轩亭建筑。祠原在蓬莱阁前，建于北宋元符年间，祠内有苏轼肖像刻石拓本，还有苏轼《海市诗》《望海》《观海》手迹。苏轼卧碑在卧碑亭内西侧，以横卧而得名。其背面刻楷书《海市诗》，正面刻行草《书吴道子画后》。《书吴道子画后》元丰八年的年款署在文中，而年款前后书风有明显差异。有人考证，原石为刻《海市诗》而选定，诗既刻成，意犹未尽，又在背面刻文，而文之手迹少于诗，不得已乃在文后拼入意思相关的另一文之一节的手迹，以填满碑面，意在保存书法。此碑为蓬莱阁上最珍贵的碑刻，具有重要的历史价值和书法艺术价值。

蓬莱阁的碑刻、匾额，除铁保"蓬莱阁"字匾、苏轼卧碑、苏帖刻石外，还有传陈抟书"福"和"寿"字碑和吕洞宾书"寿"字碑，以及阮元"三台石"刻石、冯玉祥"碧海丹心"刻石、汉墓门刻石等。汉墓门残石俗称"汉鹿"，是清同治年间在蓬莱城南沈余村发现，碑长1.05米，宽0.46米，厚0.3米；一端空白，一端刻隶书"汉廿八将佐命功苗东藩琴亭国李夫人灵第之门"字样，中部浮雕卧鹿，鹿角冲出边栏，很是生动。

留村石墓见匠心

留村石墓群位于荣成市石岛管理区宁津街道留村村西山前，背依平缓的梁岭，是中国唯一一处历史悠久且地表封石完整的石墓群。留村石墓群原有40余座墓，现仅存7座保存较完整。

留村石墓群7座墓的形状奇特，形制相同，均由塔盘、塔身、塔冠构成，呈"陀螺"形。每墓8层，一层为墓基，平面呈八角状（有一座墓基呈圆形）；墓基上是二层，高约20厘米，八面各有浮雕；第三层是外凸的腰环；之上是断面呈梯形的圆柱体，至顶层内收，盖以圆形石块压顶。二层八面既有立体雕刻的坐狮、人物等，也浮雕龙凤、花草图案等，腰环上则有清

留村石墓雕刻

晰可见的阴刻莲瓣纹装饰。其中一座较大的石墓，塔高2.3米，围4.65米，塔座中盘6.2米，用青灰色花岗岩砌成，墓盘下一尺多高的底座上，雕刻力士、祥兽和花鸟虫草等图案，线条流畅，栩栩如生，艺术性极高。

墓基铭文有的比较清楚。其中一座的铭文为"文登县第七都/程伯通墓记/父 程伯通/母 王氏/父用石匠张百川刻/元统三年七月七日"。"元统"是元惠宗年号，元统三年为公元1335年。另一座的铭文为"文登县第七都/程元泰墓记/父 程元泰/母王氏/长子伯见、二子忍见、三子元见、四子俱见、五子义见为正八年仲秋上旬月八日"。"为正"应为至正，是元顺帝的年号，至正八年为公元1349年。据此可知，留村石墓群为元代的建筑物。

留村石墓群石墓的塔状结构有重要的研究价值。研究者认为，这种形状一是受佛教的影响，类似高僧的墓塔；二是受金元时期北方游牧生活习俗的影响。这种石墓具有突出的地域性特征，仅分布在胶东半岛一带，尤其在昆仑山以东地区最多。对部分石墓发掘后发现，里面的尸骨很多是整齐地码放成堆，应该是后期迁葬所致。公元12世纪，蒙古占领中原后，四处派兵镇守，迁徙而来的蒙古军人，或把祖上遗骨迁移到威海等地。因为蒙古人居住时喜欢用圆形的蒙古包，坟的形状也与其相似。

从石墓的墓铭可知，墓主人多为程姓，为元代家族墓地的葬俗研究提供了明确的时空框架。留村自元代建村以来，已有近700年的历史，关于村名的来源说法很多，其中一种说法是，元朝至元年间，程氏祖伯通由河南省洛阳徙此定居，因此处襟山带水，盼后裔世代留居此地，故命名留村。而考察胶东半岛的同类墓葬，也有助于研究元代前后这一地区的居民构成与迁徙历史。

即墨古城看牌坊

即墨是一个有故事的地方。公元前567年，齐国灭莱国，齐大夫朱毛始建即墨城，城址位于今平度市古岘镇大朱毛村。即墨之名，始载于《战国策》《史记》等典籍，齐国的货币上就有一种刀币名为"节墨之法化"，"节墨"就是即墨。春秋战国时期，即墨大夫刚直不阿、田单破燕、田横五百士等典故令即墨声名远传。秦一统天下后，把即墨定为县，是胶东郡的中心。汉宣帝时，即墨人王吉任谏大夫，以敢于忠言进谏而负盛名，典故"王公在位，贡公弹冠"中的"王公"就是王吉。后来王家迁居到琅琊，晋代的大书法家王羲之就是这一支的后裔。

我这里要说的即墨古城当然不是位于平度市大朱毛村的那个，而是当地政府在2014年后在城市改造中再造的"古城"。话虽如此说，城中仍有很可一看的东西，那就是牌坊。

牌坊，又称坊、牌楼，是帝制时代为表彰功勋、科举、德政以及忠孝节义之人所树立的建筑物。此外，牌坊也是祠堂之类建筑的附属物，用以昭示其祖先的功德。牌坊，一般人是没有资格也没有财力建的，尤其是那些雕刻繁复、形制复杂的牌楼，更是需要很高的艺术水平和经济能力，故此，一座牌坊既是建造之美的体现，也是这座城市的"勋章"。

据清同治时期的《即墨县志》，明清时即墨境内有各种牌坊113座，仅即墨县城内外就有48座，大部分集中在县衙前的丁字街上，多为功德坊。其中尤为出色的，是恩宠宪臣坊、总督三边坊、四世一品坊、亚魁坊、父子御史坊、世恩坊、湖广总督坊等。不过，令人遗憾的是，这些牌坊大多在1958年前后被拆毁。后来建设即墨古城时，当地政府邀请专家，依据照片资料，又对这些牌坊进行复制重建，安放在古城的丁字大街上。尽管是复制品，但由于有历史照片可鉴，所以这些牌坊仍可一观。我在这里就介绍几座比较出色的牌坊。

世恩坊 此坊位于东门里大街，为赠中允周赋、中允周如砥所立，始建于万历四十三年，是即墨诸多牌坊中最为壮观的，2017年据德国人的老照片复建。周如砥是万历十七年进士，历官至国子监祭酒。他一生注意培养人才，治学严谨，有"天下士多出其门""如砥文章名天下"的美誉。周赋是周如砥之父，以如砥之故，获赠朝议大夫、右中允之职。世恩坊牌楼为三间四柱三楼式，中梁上有狮子滚绣球高浮雕，花板上为仙鹤浮雕，富丽典雅。

总督三边坊 此牌坊始建于明天启二年（1622），是为表彰明兵部侍郎黄嘉善镇守三边的功德而立。黄嘉善，嘉靖二十八年（1550）出生于即墨，是万历五年（1577）进士，历官至都察院右都御史兼兵部右侍郎。万历四十三年，黄嘉善引疾归乡，天启四年病逝，熹宗皇帝辍朝一日致哀，为其建总督三边坊。1958年该坊被拆除，2014年复建。该坊结构为三间四柱三楼式，采用青白石材质，正题额为"总督三边"，由明代书法家王铎手书，依据老照片复制阴刻而成。

山海名邦坊 此坊既不是功名牌坊，也不是贞节道德牌坊，而是由时任知县许铤建造，矗立于县署大门前。许铤建此坊的目的，是激励即墨人民勤劳勇敢，自强不息。该坊始建于明万历初年，清乾隆十年被拆毁，2016年6月重建，立于即墨古城的县衙门前。

漫步即墨古城的街道，看着这些毁而复建的牌坊，我的心中不禁感慨：多少年来，战火、动乱、运动，我们的文化受到了太多的摧残，人们什么时候才能不干这些蠢事呢？

银雀山汉墓竹简：破解千古之谜的考古发现

离开即墨古城，我下一站要考察的是临沂。临沂不仅以蒙山沂水孕育形成的"党群同心、军民情深、水乳交融、生死与共"的革命老区沂蒙精神著称，更有着悠久的历史和重要的考古发现，银雀山汉墓竹简就是其中最为著名的重大考古成果。在20世纪70年代，发现银雀山汉墓的轰动效应不亚于秦兵马俑和马王堆汉墓，也因此获评为中国百年百大考古发现。

由即墨到临沂，本来路上预定要去看位于沂水县的纪王崮。2012年，在海拔高度577米的纪王崮顶发现了春秋晚期的纪国国王墓和车马坑，出土了很多精美的青铜器。我由即墨驱车256公里，来到纪王崮，又乘缆车登上崮顶，却不料广阔达4平方公里的崮顶已经全是新建的旅游景点。旅游公司以"天上王城"为招徕，将这里改造为游乐中心。其中有古代战场模拟表演，锣鼓齐鸣，杀声连天，正经的春秋墓倒被封了起来，出土的文物也被搬到沂水县博物馆陈列。所以在这里，除了欣赏一通沂蒙山的"崮"的风光，正经的"古"却是没有访到。

从纪王崮上下来，又行车140公里，才到达临沂。在访问过临沂博物馆和王羲之故居之后，我如愿来到银雀山汉墓竹简博物馆，看到了这里的汉墓出土品和竹简。

银雀山一名的来源，是临沂市区东南有两座山岗，古代相传此处遍生一种灌木，春夏之交，此木鲜花盛开，花朵形似云雀，东岗为黄色，西岗为白色，故两座山岗得名金雀山和银雀山。1970年以来，先后在两座小山发掘汉代墓葬百余座，出土了大批珍贵文物，现在已在银雀山建起银雀山汉墓竹简博物馆。

银雀山汉墓的发现与发掘

1972年4月10日上午，一位名叫孟季华的工人到山东省临沂文管所里报告，说银雀山的基建工地发现了古墓。文管所当即前往现场勘查，确认为古墓，并决定三日后开始抢救性发掘。因为银雀山周围存在大量汉墓，因此文管所人员起初并不是太

银雀山汉墓发掘场景

看重这个古墓。4月14日，四名文保工作者来到发掘现场开始工作，刘心健和杨殿旭负责地下发掘，王文起负责传递器物，张鸣雪负责看管工具及出土器物。

这座墓的构造同银雀山的众多汉墓一致，也为一椁一箱式。考古人员在西边箱中发现有随葬品，包括鼎、盒、壶、盆、罐等陶器和杯、盘、耳杯等漆木器。下午4点左右，刘、杨二人将边箱北侧的椭圆形木几和彩绘筒形漆耳杯小心取出，连同黏在其底部的烂木片一同交给张鸣雪。张鸣雪随手将其堆在棺木上，用一张破布打湿盖好，期间不慎折断了几根，但也没有特别在意。随后，杨殿旭又发现了几枚西汉文景时期的"半两"钱。此时水面上漂起一片黑乎乎的竹片，杨殿旭捞起、简单冲洗后，竹片上出现了几个黑字。刘心健用沾着清水的毛笔仔细清洗竹简，确认竹片上的文字为隶书的"齐桓公问管子曰"。刘心健又取出一块竹片清洗，出现"秦缪公问百里奚"的字样，此时他意识到这堆竹简十分重要，决定马上停工，向上级报告。

16日，省里迅速制定了详细的发掘及保护计划。17日从西边箱中又清理出少量残简。18日下午，考古队在该墓室西侧不到50厘米的地方又发现了一个墓室，内中也有随葬品和竹简。经过高强度的抢救性发掘，银雀山汉墓竹简和随葬品全部出土完毕。竹简出土后就被紧急送往北京，由专家负责保护研究。

经专家整理，这批竹简中有中国古代四大兵法《孙子兵法》《孙膑兵法》《六韬》《尉缭子》和《墨子》《管子》《晏子春秋》《相狗经》《曹氏阴阳》等先秦古籍。至此，这一惊世发现才算画上句号。

银雀山汉墓及出土文物

出土竹简的汉墓分别编号为1号墓和2号墓。两墓的墓室均在岩石上开凿而成，为长方形竖穴，相距50厘米。地表至墓底深度，1号墓为2~3米，2号墓为3.5~4米。1号墓椁室南北长2.64米、宽1.76米、高1米，2号墓椁室南北长2.14米、宽1.56米、高0.88米。两座墓葬椁室结构基本相同，椁框四角以榫卯相接，扣合紧密，椁顶横铺盖板。1号墓椁室东侧置棺，西侧为边

银雀山1号墓出土陶俑

箱，安放随葬物品；2号墓则相反，西侧置棺，东侧为边箱，棺身外髹黑漆。两墓棺椁木质坚硬，周围封闭严密，随葬物品保存良好。

两座汉墓共出土竹简7500余枚，不仅数量之多罕见，质量之高也是首次见到。此外，还有陶器、漆器、铜器等98件随葬品出土。两墓均为西汉早期墓葬，从出土大批兵书而未有兵器的出现，可以推断墓主是与军事有关的文官，且酷爱兵法。

几年之后，1976年5月，在银雀山旁边的金雀山又发掘了一座西汉墓，编号为金雀山9号墓。此墓亦为长方形墓穴，木椁一棺，棺内有人骨架一具，棺盖及四周裹以麻布，两端各绕三匝麻绳，麻布之上半整地覆盖着一幅帛画。帛画长200厘米，宽42

厘米。以红色细线勾勒，平涂红、蓝、白、黑等色彩。画面内容分为天上、人间、地下三部分。天上有日月，日中有金乌，月中有蟾蜍和玉兔；人间有蓬莱、方丈、瀛州三座仙山，山前有一建筑物，内有一贵妇人端坐右方，前有侍婢模样的三个女子侍立，另有一女子手捧容器跪于女主人之前、作奉献之状。由此开始，连续出现几组人物生活场面，包括乐舞、迎送宾客、纺织、问医、角抵表演等，表现了墓主人起居、宴游、乐舞、迎送宾客、纺织等情景。

　　银雀山发现的竹简和金雀山发现的帛画都意义重大。在山东发现保存如此完好的竹简是空前绝后的，更何况其内容又是如此令人惊喜。而帛画是继湖南长沙马王堆汉墓出土帛画之后，在长江以北地区的首次发现，不仅是珍贵的艺术品，对研

复原后的银雀山汉墓竹简

究古代的丧葬制度、神话传说和宗教思想也具有重要意义。

银雀山汉简的内容与价值

银雀山汉墓共发掘出竹简7500余枚。其中长为27.6厘米的长简占绝大部分，还有长约18厘米的短简，另外发现少量"尺牍"。简文上的书体为早期隶书，时间大致为西汉文帝至武帝初期，从字迹分析，应该是出自不同的书写者。竹简出土时，因长期浸泡在淤泥中，朽腐残损严重，表面呈深褐色，但用墨书写的字迹，除个别文字难以辨别外，绝大部分都很清晰。

竹简发现后，当时的国家文物局组织山东省博物馆（今山东博物馆）和全国抽调的文物专家，对这批竹简展开全面清理、保护和研究。在洗去污渍之后，竹简上的字迹逐渐显出，被尘封的历史重现在世人眼前。1974年5月，简牍整理工作初告结束。6月，周恩来总理批示，调拨专列将这批简牍运回山东，并入藏山东省博物馆。

经专家整理分析，1号墓竹简内容有《孙子兵法》十三篇和孙子佚文五篇，《孙膑兵法》十六篇，《尉缭子》五篇，《六韬》十四篇，《守法守令》等十三篇，论政论兵文章五十篇及阴阳、时令、占候之类十二篇。更为难得的是其中还有已经失传的古书。2号墓出土竹简32枚，系《汉武帝元光元年历谱》，这是迄今我国发现最早、最完整的古代历谱。

《孙子兵法》整理出105枚，已发现的篇名和宋本《十一家注孙子》相同。《孙子兵法》也称《吴孙子》，是中国最具影响力的军事著作，被誉为"兵学圣典"。作者孙武为春秋末年人，因其成名在吴，故称"吴孙子"。《孙膑兵法》也称《齐孙子》，作者为孙膑及其弟子。此次出土的《孙膑兵法》竹简整理出222枚，其中整简137枚，残损部分每枚也在10个字上下，共得6000字以上。《孙膑兵法》中，有关史实有和《史记》不同之处，如关于马陵之战的叙述，《史记》说庞涓战败后"自刭"而死，竹简则有"禽（擒）庞涓"一篇，与《战国策》所载"禽庞涓"相同。

长期以来，史学界对孙子和孙膑的关系一直存在争议，有人坚持司马迁的观点，认为孙膑是孙武的后人，《孙子兵法》和《孙膑兵法》两书作者不是同一人；有人认为《孙膑兵法》源于孙武，完成于孙膑；更有人认为孙武和孙膑其实就是同一个人。由于《孙膑兵法》在魏晋时期已经亡佚，因此史学界始终无法以过硬材料对第二种观点予以反驳，直到银雀山汉墓《孙膑兵法》与《孙子兵法》出土，千年谜案终于真相大白。

银雀山汉墓出土的这批珍贵的竹简，为研究中国先秦和汉初的政治、经济、军事、文化、哲学、文学、音训、简册、历法等提供了极为重要的文献资料，特别是失传1700多年的《孙膑兵法》和《孙子兵法》的同时出土，解开了历史上孙子和孙膑是否一人、其兵书是一部还是两部的千古之谜，其价值是无法估量的。

为完美地保存和展示银雀山汉墓竹简，银雀山汉墓竹简博物馆于1989年10月落成。博物馆占地面积10000平方米。主体建筑为仿古式、歇山斗拱、灰陶瓦顶、赤柱丹梁。汉墓厅的中央是复原的1号、2号西汉墓穴，随葬品复制后按原状摆放在棺椁内。椭圆状展厅四壁为放大的挖掘现场和出土竹简的照片。竹简陈列厅一层分为《孙子兵法》展厅和《孙膑兵法》展厅，展示出土的两部兵书竹简、孙子和孙膑的作战实践、春秋战国兵器等。二层为文物陈列厅，展出汉墓出土的文物。陈列集知识性、科学性、艺术性于一体，展示了《孙子兵法》和《孙膑兵法》的理论精华以及中外专家学者的最新研究成果，可说是中国独一、世界唯一，非常值得一看。

嘉祥武氏祠：刻在石头上的家教全书

从临沂出发，在滕州博物馆稍作参观之后，我就直奔嘉祥，去考察那里的武氏祠。对于武氏祠，我是慕名已久，石祠中的许多石刻形象，我已经熟记在心。我也知道，武氏祠的许多作品已成为中国古代艺术的标志性图案，比如陕西黄陵县黄帝陵的《黄帝像》、联合国水利馆中的《大禹塑像》以及我们熟知的《伏羲女娲图像》《荆轲刺秦王》等，均取自嘉祥武氏祠的画像石。

尽管心中有所准备，但看到武氏祠（正式名称为武氏墓群石刻博物馆）中的画像石，我仍震撼不已。其内容的博大、思想的深邃和艺术的精湛令我目摇神移，即使走出博物馆，仍是久久不能平静。

武氏祠的兴建与发现

武氏祠又名武梁祠，实际上是武氏墓群的一座祠堂。武氏墓地是一个至少埋葬了三代人的家族墓地，包括第一代的母亲、第二代的武梁和武开明、第三代的武斑和武荣。它位于嘉祥县纸坊镇武翟山村北，年代在东汉桓帝、灵帝时期，即公元147年至189年间，建造共历时42年。

这座武氏祠堂，先是武氏第二代武梁兄弟三人为其母建造了双阙和一对石狮，后来陆续建起三座祠堂，即武梁祠、前石室和左石室。武氏祠画像石所包含和展示的，主要是武氏家族墓葬的双阙与三个石祠内的石刻装饰画。

后代关于武氏祠的著录，先是欧阳修在其著作《集古录》

武氏祠中的子母阙

武氏祠中的狮子塑像，这也是中国最早的狮子塑像

中记录了武荣碑和武斑碑中的碑铭，后来赵明诚所著的《金石录》参照欧阳修的《集古录》，记载了武斑碑、武开明碑、武梁碑、武荣碑中的铭文并加以评论。到南宋时期，洪适的《隶释》和《隶续》不仅集录了武斑碑、武荣碑、武梁碑中的碑文及武梁祠中画像石上的题字，更将铭文与画像分为两部分分别加以评述。洪适还根据武梁碑的碑文，将其命名为《武梁祠堂画像》，这是武氏祠堂首次正式命名。但后来金兵南下，为抵御金人，宋人开决黄河大堤，嘉祥被洪水淹没，武氏石室也被淹没于地下，逐渐淡出人们的视野。

到乾隆五十一年（1786）夏秋之际，黄河南段屡现险情，河堤抢修完成后，运河河官黄易在济宁嘉祥查阅县志时，发现一段记载："县南三十里紫云山西，汉太子墓石享堂三座，久没土中。"黄易好古，尤谙金石，随即前往勘察挖掘，而后推断石刻并非汉太子墓，而是已经消失了一千多年的武氏祠。黄易为其撰《修武氏祠堂记略》《前后石室画像跋》《左石室画像跋》及《祥瑞图跋》。武氏祠的重现引起了轰动，前来观摩、传拓者络绎不绝，黄易对此极感忧虑，乃号召金石界乃至社会各界共同筹款，对画像石予以保护，身为五品官员的黄易捐出了十四万钱。

而今的武氏祠是国务院于1961年公布的第一批全国重点文物保护单位之一，与"三孔"、故宫等地位相当。武氏祠博物馆有阙室、画像石展厅和西长廊三个陈列室，保存汉画像石46

块、汉碑2块、石狮与石阙各一对，以及嘉祥县出土的其他汉画像石和各代碑刻。

武氏祠画像石的内容

武氏祠画像的题材内容可大致分为神话传说、经史故事、现世生活三种类型。

神话传说部分 神话传说部分极为瑰丽精彩。主要包括人类始祖伏羲、女娲，西王母、东王公等仙界领袖及远古帝王，天界水府"自然神灵"，龙凤图腾、仙人出行及"四方神灵"，各种奇禽异兽、祥瑞灵异等。这类内容通常刻在石祠山墙的顶部。因为神仙、异力等在人们心中的位置是高高在上的，所以要安排在最高处。而与之相关的"车马人物"，即表现墓主人显赫地位的出行图，通常布置在比较核心的后壁和小龛的横额长石上，位置通连山墙，表示与神灵相通。

关于西王母，要稍微多介绍几句。西王母又称"王母""金母""瑶池老母""王母娘娘"等。据《山海经·海内西经》记载，西王母居住在昆仑山。汉代前期传说中，西王母居住在西方玉山（又称昆仑山）的石洞中，是一个人面兽身的怪物形象。成书时间稍晚的《穆天子传》中，西王母形象由半人半兽的凶神变成了帝胄出身且多情的贵妇人，还能和穆天子相互赋诗歌咏，具有雍容华贵的气质。至此，源自神话传说的西王母形象逐渐完善丰满，西王母的形象由老变少、由野变文。道教产生后，西王母信仰被道教汲取，成为道教中的"女仙之首"，在天上负责宴请各路神仙，在人间掌管婚姻和生儿育女之事，是最受尊奉的女神仙，还给她配备了一个相对应的东王公。

经史故事部分 经史故事部分内容最为丰富，占据面积最大。其内容主要包括帝王诸侯、圣贤名臣，如周公辅成王、孔子见老子；刺客，如荆轲刺秦王；孝子贤孙，如曾子、闵子骞、孝孙原谷等；义士善人、贞妇烈女。人物故事的画像旁边还有针对所刻人物的题铭和赞语。

现世社会生活部分 现世社会生活部分最为逼真翔实，主要包括车马出行、人物聚会、谒见讲经的场面；庖厨宴饮、切割屠宰、汲水和全面生活图景；狩猎捕鱼的劳动场面；乐舞百戏、杂技棋艺、武术格斗等；军事战争场面；楼阁、亭台、阙桥等建筑物。这类图像通常是表现墓主人奢华生活的，往往位于祠堂中心后壁的明显之处。攻战图一类则安排刻在了祠堂的西壁下方，因为从五行观念上来讲，西位下方属于"金呈杀"，适合战争斗杀题材。

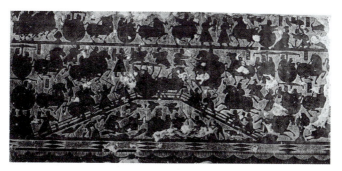

水陆攻战图画像石

荆轲刺秦王画像石

武氏祠的众多画像石中，篇幅最多、艺术价值最高的，是以单幅或多幅的画面讲述《左传》《论语》《列女传》等故事的系列画像石，其中以"荆柯刺秦王"最为引人瞩目。画面正中为《史记》中"投匕中柱"的形象化。柱子右边是绕柱奔跑的秦王嬴政，秦王的下半身是背面，上半身则为正面，以此凸显秦王的惊慌程度。柱子左边的荆轲虽然被两名武士抱住，但双手高举，头上的长发直直向上方挺出，表现出"怒发冲冠"的模样。

武氏祠画像石的教化功能

武氏祠汉画像石是中国面积最大、保存最完整的汉碑、汉画像石群。画像内容丰富、取材广泛，从各个不同的角度反映了东汉时期的社会状况、风土人情、典章制度、宗教信仰等。

画像石具有丰富的社会历史内涵，它们不仅展现了人类社会的发展史，展现了华夏各民族的大团结、大融合，还大力宣

孔门弟子、出行（左）和秦始皇泗水捞鼎（右）画像石

传忠孝节义、仁礼智信的事迹与楷模，再现了儒家修身、齐家、治国、平天下的教化内容；更展现了汉代社会的风俗习尚，有助于后人了解当时的经济、军事及科学技术的发展水平。

武氏祠画像石上的每一个故事，都在向后人展现着东汉人的精神、思想，讲述着东汉的风土人情、典章制度和宗教信仰，堪称是后人了解东汉的最形象、最完整的参照物。它可以

孔子见老子的画像石

带领你穿越到两千年前，与古人对话。在这些写满汉以前历史的天青石上，汉代的思想在闪光，汉代的浪漫生活活灵活现。古代艺术工匠们用他们智慧的双手为现代人展示出一幅幅生动活泼的画面，用他们自由而奇异的想象，为人们描绘出一幅仙乐飘飘、亦虚亦实的神话世界。徜徉在这些美轮美奂的石画当中，人们已经很难分清是在天上还是在人间，是在仙界还是在凡间。工匠们已经将天上和人间、神人和凡人糅合在了一起，企盼着能够过上一种神仙般的世俗生活。

"孔子见老子"这一画像似乎内容非常简单，但是这一幅画向我们展现儒道两位始祖互敬互学的场景，同时又宣传了以孔子等为代表的儒家文化，即尊老敬贤、尊师重教等。武氏祠画像石第二位展现的主题就是以忠臣义士、侠客烈士等为主角的忠勇仁义的故事，除了"荆轲刺秦王"之外，还有蔺相如完璧归赵、要离刺庆忌、曹沫刺桓公、专诸刺吴王、豫让刺赵襄子等。之所以会突出这一题材，主要就是为了弘扬英雄主义精神，为国家利益而将个人生死置之度外的精神。武氏祠画像石表现题材最多的是孝子孝孙、贞妇烈女的故事，这些故事主要来源于《孝子传》《列女传》等历史典籍，都是人们熟知的。其中所绘列女系列，着重选取了刘向《列女传》中"贞顺"和"节义"故事，多记录寡妇或丧兄女性，目的是告诫家族女性后人，要尽力抚养武氏后人、延续家族荣耀。由此可以发现，武氏祠汉画像石最主要的目的就是教化，就是通过石像上的故事来为人们树立榜样、进行道德训诫。

武氏祠画像石已被视为全人类共同的优秀历史文化遗产，被誉为"中国汉代历史的百科全书"。联合国教科文组织将武氏墓群石刻与希腊瓶画、埃及金字塔并称为"世界三绝"。武氏祠画像石所表现的内容如此丰富，从现实到历史、从真实到想象、从社会实践到道德伦理，几乎涵盖了人们能够想见的所有领域，在这个意义上，我觉得将武氏祠画像石称为"中国汉代家教全书"，是十分贴切的。

看完武氏祠画像石之后，我觉得有一点遗憾的是，相对于如此丰富精美的画像石，展览场所实在是过于狭小逼仄了！画像石的陈列，有的过于高耸，有的紧贴地面，有的以玻璃罩起，有的位置太暗，有的受光线直射，实在令观赏者感到困难。如果这些画像石能有像青州博物馆那样好的陈列条件，相信一定会吸引更多的人来观赏学习。

苏埠屯商墓：商代的东方方伯有多强？

按预定行程，济南是此次山东之行的最后一站。到了济南，山东博物馆是必看的。在山东博物馆，我按着山东通史陈列的顺序观看，却被一件器物抓住了视线，这就是苏埠屯商墓出土的"亚醜"（"醜"是"丑"的繁体字）大铜钺。

苏埠屯商墓是在20世纪60年代发掘的，我上大学时就接触

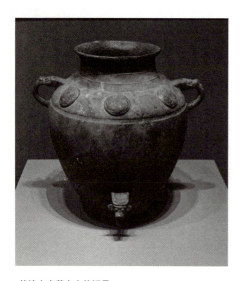

苏埠屯商墓出土的铜罍

苏埠屯商墓出土的"亚醜"觚

苏埠屯商墓出土的铸有"融"字铭文的铜鼎

过这批资料。当时关于商代的考古发现，除了殷墟和郑州商城以外，其他的地方还很少见。益都苏埠屯远离商王朝的中心安阳，那里却出土了典型的商代青铜器，所以印象十分深刻。这次在博物馆里看到那批资料的实物，不能不有意外的惊喜。山东省博的展陈安排相当好，苏埠屯的材料全部在同一展区中陈列。

苏埠屯商墓的发现和发掘

苏埠屯商墓位于山东省青州市苏埠屯村东埠岭上，是中国商代晚期的一处重要墓葬群。所谓东埠岭，相传是苏秦埋葬之处，故又名苏秦岭。其中央部分高出周围地面约5米。由于村民长年在此取土，岭的中部偏南部位形成一片呈东西方向、宽约150米的低洼地带，将土岭分割为南岭和北岭。

此地在20世纪20—30年代曾多次发现青铜器。1936年1月，考古学家梁思永在请示历史语言研究所所长傅斯年、考古组主任李济之后，派祁延霈到益都县（即今青州）调查1931年苏埠屯两次出土青铜器的情况。祁延霈的调查工作持续了4天，对出土青铜器的情况作了著录。

为了更好地保护文物，展开研究，1965年秋，山东省博物馆组织考古队，开始对苏埠屯墓地进行科学发掘。此次发掘在南、北岭西部断崖附近清理了4座墓葬和1处车马坑。其中的1号墓是一座有四条墓道的"亚"字形大墓。"亚"字形椁室中心有长方形腰坑，殉1人、1犬。腰坑下有深2米的方形奠基坑，内殉跪坐者1人。东西二层台上各有两座殉人小墓。二层台南端有台阶。南墓道和椁室交接的门道内有三层39个人殉和人祭。总计人殉人祭共48人。在北墓道口的两侧各出土一件装柄的饰透雕人面纹的大铜钺，其中一件铜钺正反两面共有4个"亚醜"族徽。椁室已被盗一空，扰土中清理出大量的铜器残片，其中的斝足高0.22米，估计原来随葬的应是一些大型重器。

山东省博物馆于次年春又进行第二次发掘，发掘了2号大墓和3号、5号中型墓。2号大墓与1号大墓东西并列，间隔仅0.5米，其西壁打破了1号大墓的东墓道。2号大墓是一座有两条墓道的"中"字形大墓。墓室长宽约9米，深约7.5米，也有"亚"字形椁室，椁室东西两侧各有熟土二层台，二层台南端也有台阶。椁室南壁外东西两侧共殉有9个人头骨和1件虎纹残石磬。西二层台上布满弓的遗迹，总数约在二三百件，有可能就是甲骨文中所说的"三百射"。东二层台上布满螺钿组饰，组饰上大多涂朱。其中的虎形组饰长1米。原来应是正反两面黏贴在木板上，属于仪仗之类。另有一组大兽面和多组小兽面组饰。椁室遗物被盗一空，仅出土有"亚醜"铭文的残铜片和大量玉鱼、玉鸟、玉牛头等装饰品。墓室四角各殉有1人头骨以及1把装柄的曲内戈、1件盾。盾面朝外，紧贴墓壁竖立。

20年后，山东省文物考古研究所于1986年对苏埠屯商代墓地进行第三次发掘。发掘6座商代墓葬，其中的7号墓出土鼎、簋、觚、爵等礼器。觚、爵有"亚醜"铭文。8号墓出土青铜礼器18件，其中的15件有"融"和"融册"铭文。考古学家认为，这个"融"是融族，应是从亚醜族分化出来的新氏族。

"亚醜"铜钺说明了什么？

目前全国发现的40余件商代铜钺中，"亚醜"铜钺是制作最为精美、最为壮观的一件。亚醜钺出土在殷商时期的东夷方国范围，所以此钺也成为研究古代东夷文化的重要实物资料。这就无怪亚醜钺一出土，就引起了世人的广泛关注，并成为山东省博物馆的镇馆之宝。

"亚醜"铜钺及"亚醜"铭文

钺出现在新石器时代晚期，是古代的兵器或刑具，也是政治、军事权力的象征。在文明初创时期，凡是执钺者，都拥有令世人膜拜的崇高地位，以钺随葬也有宣示权力、威严的意思。"亚醜"铜钺的重要，还在于它的铭文。铭文虽然只有"亚醜"二字，却解决了金石学的难题，并印证了商代历史。

铸有"亚醜"铭文的青铜器在北宋时期的金石学著作中就有著录，但"亚醜"器究竟是在哪里出土的，金石学家们为之争论不已。苏埠屯商墓"亚醜"铜钺发现后，这些"亚醜"器的出土地就可以确定了。

"亚醜"铜钺的造型极有特色。其钺身是透雕的，作张口怒目的人面形，眉、目、鼻均凸起，口微内凹，牙齿外露，神态威猛庄严，极其生动传神。商民族信奉原始宗教，迷信先王与鬼神，注重祭祀和占卜。故商代青铜器上有大量与原始宗教礼仪以及各类崇拜相关的习俗，其装饰纹样更多的是表达对自然和猛兽的敬畏，而不是如西周铜器那样，记录事功和礼仪教化。这一点在"亚醜"铜钺的装饰风格上体现得很充分。

据我的老师、吉林大学资深教授林沄先生考证，古代的"王"字像无柄且刃缘向下的斧钺之形，本表示军事统率权，后来演变为王的权杖。中国古代文献中，钺常常与王同时出现。例如《史记·殷本纪》中有商纣王"赐（周文王）弓矢斧钺，使得征伐，为西伯"，《尚书·牧誓》中有"王左杖黄钺，右秉白旄以麾"等，可见商周时期斧钺与王权密不可分，王权的诞生、巩固与发展，绝对都离不开军事力量的支撑。

与"亚醜"铜钺相似的铜钺在殷墟妇好墓中也有出土。妇好是商王武丁的配偶，也是武丁手下的军事统帅。妇好墓出土了两面铸有"妇好"铭文的青铜大钺，就最好地说明了妇好的身份。苏埠屯大墓出土带有"亚醜"铭文的大铜钺，证明苏埠屯1号墓的墓主人至少应是商王朝的方伯一级人物，而且是军队的统帅。

苏埠屯大墓的墓主人是谁？

苏埠屯大墓是目前所知河南安阳殷墟以外规模最大、等级最高、人殉人祭数量最多的商代晚期（具体说是殷墟第四期，也就是帝乙、帝辛时期，年代为公元前1101—前1046年）大墓，那么墓主人究竟是什么人呢？

青州一带上古时期应该是比较发达的。青州又名益都，意思是益的都城。益，就是伯益，传说他是大禹的助手，大禹本拟传位给他，结果被启（大禹的儿子）夺了去，伯益只好回到益都。苏埠屯商墓的年代为商代晚期，学术界根据1号墓的形制与安阳侯家庄商王陵区内的"亚"字形大墓相同且殉葬人数较多的特点，认为墓主人很可能是仅次于商王的方伯一类人物，"亚醜"则是其族徽的标记。不过关于亚醜族到底算是哪一族，学术界至今没有定论。有人认为，青州苏埠屯一带乃是薄姑氏所居，"亚醜"族文化是薄姑氏的文化遗存，苏埠屯1号墓的主人应该就是薄姑氏的某位国君，而薄姑，学界一般认为属嬴姓国。有人认为亚醜为夏朝后裔，姒姓。有人认为亚醜族可能为商代的齐国。还有人认为苏埠屯大墓是反叛商王朝的东夷首领之墓。

山东博物馆的工恩田先生根据对《史记·殷本纪》商纣王"以西伯昌、九侯、鄂侯为三公"的考证，认为亚醜即商代三

苏埠屯商墓出土的铜弓形器，
是用于驾驭马车的

苏埠屯商墓出土的玉鱼形饰

公之一的九侯或鬼侯。具体而言，西伯昌就是姬昌，也就是周
文王；鄂侯在殷的北邻；九侯在殷的东方，殷之"三公"应是
位于东土、中土、西土等三个地区的封疆大吏。苏埠屯1号、2
号大墓二层台与南墓道北端各有三层台阶，是此前所有商代墓
葬中未曾见过的葬制，这种葬制证明以台阶表示三公地位的观
念由来已久，也可以作为亚醜就是位列三公的九（鬼）侯的重
要旁证。

关于九侯，《史记·殷本纪》说"九侯有好女，入之纣。
九侯女不喜淫，纣怒杀之，而醢九侯"。《吕氏春秋·行理》
则说"纣为无道……杀鬼侯而脯之"。醢，是把人剁成肉酱；
脯，是做成肉干。为什么商纣王要杀九侯？又为什么要如此凶
残地处理其尸体？王恩田认为，估计加于九侯身上的罪名就是
"逾制"。亚醜大墓使用了四条墓道的葬制；苏埠屯1号大墓
出土的大铜钺本是代表"王"的身份。这都不应该是一个"方
伯"所能享受的待遇，1号墓的墓主用了，就是僭越，就是挑战

商王的权威，要受到最重的惩罚。

另外，苏埠屯1号大墓还出土海贝3790余枚。这个也是包括安阳侯家庄王室墓地在内的所有商墓中所罕见的。按十贝为一朋计算，就是380朋，这是一笔巨大的财富。据统计，甲骨文中提到最大一笔贝的数目也只有70朋。古代战争，主要目的就是掠夺财物。苏埠屯1号大墓就埋着近4000枚海贝，实际生活中不知还有多少。这笔巨大的财富大概会刺激到商纣王的贪欲，从而兴师动武，伐灭亚醜，"杀鬼侯而脯之"。王恩田先生的这个结论，从政治动机到经济因素都有了根据，似乎更合乎情理一些。

龙山城子崖：开启一个时代的考古发现

章丘城子崖，这个地名，无论是对中国考古学，还是对每一个考古专业的人来说，都是一个神圣的存在，因为这里是龙山文化的命名地。我从规划山东之行的开始，这个地方就在必到地点之中，所以从山东博物馆出来，就直奔济南东郊的龙山镇城子崖，开始了我的朝圣之行。

城子崖遗址的发现和发掘

城子崖遗址的发现，是同一位名叫吴金鼎的学者分不开的。吴金鼎（1901—1948），字禹铭，山东安丘人。1928年3月24日，当时还是清华学校学生的吴金鼎在考察两汉时期济南国的国都——东平陵故城时，路过龙山，发现了路旁深沟两壁的陶片。4月4日，吴金鼎专程前往龙山，在村北的土丘向镇东远望，遥见一城垣状的台地。这台地就是城子崖，当地人称为鹅鸭城。吴金鼎在《平陵访古记》有以下记录："崖上之灰土包含层极为显著。中含陶片、石块及贝骨等物。颇与吾人所常见者不同。未几，掘获骨质之锥二枚。其制造之粗糙颇足代表其年代之久远。余心不禁狂喜。盖前次余所疑者，今日得其实据矣……"同年7月31日，他再次到城子崖发掘，发现一个完整的石斧。后来吴金鼎又数次来到龙山，并在遗址深处挖出了一种从没见过的漆黑发亮的陶片。

发现城子崖的吴金鼎先生

　　吴金鼎的发现引起李济等考古学家的重视。1930—1931年，中央研究院历史语言研究所与山东省教育厅联合成立"山东古迹研究会"，由李济、梁思永等主持，对城子崖进行数次发掘，发现了一批以精美的磨光黑陶为显著特征的文化遗存。根据这些发现，考古学家把这种以黑陶为主要特征的文化遗存以城子崖所在的龙山镇命名为"龙山文化"。

城子崖遗址的发现，创造了中国考古学多重意义上的"第一"：它是第一个由中国国家学术机构独立发现和发掘的史前文化遗址；第一次运用了地层学考古原理，绘制了考古地层图；这是我国第一代考古学家独立自主、有目的发掘的第一座史前遗址，故此它称得上是中国考古学真正开端的地方；这次发掘是中国境内发现和发掘的第一个黑陶文化遗存；1934年由傅斯年、李济、梁思永等人编著了中国第一部田野考古报告集《城子崖》。综上，龙山城子崖在中国考古学发展史上确实具有极为重要的历史地位，被考古学界称为"考古圣地"。

20世纪30年代的发掘固然意义重大，但当时中国考古学刚刚诞生，理论和技术都不成熟，难免存在不足。为深入了解遗址内涵，山东省文物考古研究所于1990—1991年再次发掘城子崖，发现龙山文化、岳石文化和周代三个时代的叠压城墙，辨明20世纪30年代发现"黑陶文化时期城"实际上是岳石文化时期的城，而龙山文化时期的城是这次的新发现。2013年至今，由山东省文物考古研究院主持的城子崖遗址发掘还在进行中，并且在当地建立了考古遗址博物馆。这里的发掘已构成中华文明探源工程和考古中国的重要组成部分，意义更是重大。

龙山文化的面貌

狭义的龙山文化，也就是山东的龙山文化，是由大汶口文化发展而来，因其以蛋壳黑陶最有特色，所以被称为"黑陶文化"，年代为距今4000年前。城子崖出土的蛋壳黑陶一般器壁厚不到5毫米，口沿最薄处0.3毫米，是中国制陶史上的巅峰之作。制作如此之薄的陶器，要选择细腻的原料，反复沉淀淘洗，制作成坯料，之后采用快轮制陶技艺，利用陶胚旋转的离心力，将整个陶器拉起来；烧制工艺要求高，火候达到900～1000℃，采用封闭陶窑，用水熄灭炉火，产生大量浓烟，起到渗炭作用。黑陶器形主要有高柄杯、碗、盆、罐、瓮、豆和鼎等。除了黑陶外，还有灰陶、白陶、红陶器物。

　　龙山文化的典型遗址城子崖遗址分为周代城址、岳石文化古城、龙山文化古城三层。最早的龙山文化时期的城址平面近方形，东、南、西三面的城垣比较规整，北面城垣弯曲并向外凸，城垣拐角呈弧形，城内东西宽约430米，南北最长处530米，面积约22万平方米。城墙大部分挖有基槽，有的部位在沟壕淤土上夯筑起墙。城墙夯土结构有两种，一种用石块夯筑，一种用单棍夯筑。这种城址已经具有早期城市的雏形。城址内文化层堆积丰富，有房基、水井、窖穴等遗迹，出土有陶器、石器、蚌器和少量铜器，包括鼎、鬲、豆、瓮、盆、杯等很多生活用品，有象征王权和军事最高指挥权力的玉钺和石钺，也有很多占卜用的卜骨，说明当时它已经成为一个权力中心、经济中心、文化中心，或者更准确地说，是古国的都城。

　　从更广阔的视角看，山东地区龙山文化时期人口增长迅

龙山文化的蛋壳黑陶杯　　　　龙山文化鸟喙足黑陶鼎

速，目前发现的大汶口文化遗址有547个，而龙山文化时期遗址达到1492个。中心城址一般有城墙环绕，相互距离30～50公里。这种形态反映出存在战争和暴力现象，显示相互之间有竞争关系。

龙山文化的丧葬形态上，贫富分化和等级差别明显，墓葬分大、中、小三个级别，大墓墓坑长3米，有木棺椁，有大量随葬品如蛋壳高柄杯、玉器、猪下颌骨和头骨等；小墓墓坑长2米，随葬品少或没有，一般没有棺椁，发现数量最多。有考古资料显示，其丧葬活动存在进行祖先崇拜仪式的规律性模式，特定墓葬从下葬之日开始，就长期持续进行献祭。

山东地区的龙山文化在约公元前2000年开始衰落，人口开始下降，聚落数量骤减，多处区域中心消失，但仍然有区域中心在岳石文化中继续存在，如鲁北地区的城子崖，这种情况是否同夏代建立有关，还需进一步研究。

龙山文化玉璇玑

　　龙山文化的居民以农业为主，兼营狩猎、捕鱼，蓄养牲畜，已有骨卜的习惯，龙山文化晚期的时候，冶铜技术出现。夏商时期青铜器的造型，比如鼎、甗、鬲、豆等都沿用了龙山文化的陶质同类器物的造型，说明龙山文化的居民是把青铜铸造技术同本土的生活形态达成了良好的结合。龙山文化制玉水平有了很大的改进，出土的玉器种类丰富、琢磨精致、造型优美、晶莹圆润，具有较高的艺术水平。龙山文化玉器已具有明显的礼制功能，器物造型以玉斧、玉钺、玉琮、玉璇玑、玉圭、玉戈、牙璋及各式饰物为主。玉璇玑为环状，外缘多出三齿形，开商周时期璇玑之先河。此时还出现玉器镶嵌工艺，山东五莲丹土遗址所出玉钺上部的孔内嵌有绿松石。这种工艺开商代玉器镶嵌工艺之先河。

龙山时代的图景

随着考古工作的持续推进和深入，现在的龙山文化已不单指山东的龙山文化，而是泛指4500年前到4000年前的黄河中下游地区以黑陶文化为主要特征的文化遗存。今天，在山东、河南、山西、陕西、安徽北部、江苏北部、河北都有龙山文化城址的存在和发现。

在如此广大的地区发现的龙山时期的文化遗存，文化面貌上有大的相同之点，但也有许多具体的不同，比如各地文化中的陶器群就各有自己的特色。考古专家根据各地区不同的文化面貌，分别给予了文化名称，加以区别。如山东龙山文化，或称为典型龙山文化，即最初由龙山镇命名的遗存，其分布以山东地区为主，上承大汶口文化、下续岳石文化，年代为公元前2500年至公元前2000年；河南龙山文化，主要分布在豫西、豫北和豫东一带，上承庙底沟二期文化或相当于这个时期的遗存，发展为中原地区中国文明初期的青铜文化，年代为公元前2600年至公元前2000年，一般还分为王湾三期、后冈二期和造律台三个类型；陕西龙山文化，又称客省庄二期文化，主要分布在陕西省泾河及渭河流域，年代为公元前2300年至公元前2000年；龙山文化陶寺类型，以山西襄汾陶寺遗址为代表，主要分布在晋西南地区，年代为公元前2500年至公元前1900年。

著名考古学家严文明先生提出了"龙山时代"的概念，以指代大致年代为公元前 26—21 世纪的各地龙山文化遗存所处的

龙山文化白陶鬶　　　　　刻符灰陶尊

时代，并指出龙山时代是中国的铜石并用时代。龙山时代是中国史前社会大变革的重大历史时期，也是探索中国文明起源的关键时段。

随着龙山时代社会生产力的大发展，黄河中下游地区的聚落数量和聚落面积都急剧扩大，人口急剧增加，与此相对应的是，各地普遍出现了区域性的中心聚落。在一些中心聚落，如山西襄汾陶寺、陕西神木石峁、河南登封王城岗、山东日照两城镇等地出现了高耸的城墙和宽阔的城壕所组成的防御设施，由此进一步发展出了早期的城市。这些城市内包含有相当数量的外来人口，而大范围的人口流动使得远程贸易有长足发展，比如山西陶寺、清凉寺等地的贵族墓葬中普遍出现了玉石礼器、铜器、漆木器等通过远距离交换和贸易而来的稀缺品，甘青地区齐家文化墓葬中常见产自印度洋和中国南海的海贝。海贝已逐步成为远距离贸易的一般等价物，具有了货币的职能。

龙山时代已经有了文字的萌芽。在几处遗址中发现的陶器和骨器上刻有文字符号，其布局和结构有规律可循，这些符号都属于阴线刻，笔画婉转曲折，刻画纤细。这些图案符号比殷墟甲骨文更为原始，明显处于画（符号）与字的过渡状态。不过对于这些符号的性质和释读还存在不少争论。

中国历史上的三代，也就是夏、商、周的文化渊源都与龙山文化有联系。陶寺、石峁等地发现的龙山文化的祭坛、宫殿、宗庙遗存，说明当时已经有早期国家政权的存在。实际上，在龙山时代的文化里，已经包含了夏代文化的存在。正如中国考古学之父李济所说："要是我们能把城子崖黑陶文化寻出它的演绎的顺序及所及的准确范围，中国黎明前的历史就可解决一大半了。"相信距离这一天的实现已经为时不远了！

离开城子崖遗址博物馆，我又赶往济南长清区的孝堂山郭氏墓石祠，打算再看一处汉代的石刻艺术遗迹，但到了孝堂山，发现这里不开放，只好作罢，所以此次的山东之行结尾仍属不大完美。大概这就是事物的规律吧？留下不完美，以后再寻访。

后 记

　　我在正文前面的文章中已经交代了我同考古的缘分，以及写作这些文字的缘起。待编完全部文字后，仍感到需要有一个后记，这个后记不是为别的，只是为了感谢。也确实，在一年的时间里，能有收入书中的这些文字，真的应该感谢许多有名的和无名的人士。

　　首先要感谢的是各地的文物考古工作者，正是由于他们的不懈努力，才能给我们提供这么多的发掘和研究成果，有这么丰富的文物古迹可以瞻仰观赏。我特别要对河北省文物研究院张文瑞院长、河北省蔚县文物局李新威局长、石峁遗址管理处杨瑞科长、内蒙古文物考古研究院丹达尔先生，以及中央民族大学教授魏坚兄、辽宁省考古所前所长田立坤兄、山东省文物局王永波兄、内蒙古文物考古研究院郭治中兄等人的支持和帮助表示感谢。我尤其要感谢考古界的学者朋友，在我的文字中使用了太多的简报、报告、论文的研究成果，因为这是属于科普类的文章，无法一一列出出处，只好在这里一并表示感谢了！

我要感谢《文博时空》公众号的各位编辑。是《文博时空》的园地，使我得以重续考古的前缘，由生涩到逐步熟练，写字配图，完成一篇篇的访古文章。正是由于她们的鼓励，我才有继续写下去的动力，有比较长远的规划。她们的支持是最可宝贵的。

我要感谢上海三联书店。总编辑黄韬先生不以拙作为谫陋，允诺予以出版；责任编辑匡志宏女士为拙稿的编辑付出很多心血，才使得拙作可以呈现在读者面前。出版社的支持是我努力做好自己工作的最大动力。

我还要感谢王巍师兄为我这样一本普及性的文化读物作序。王巍师兄高我一个年级，是1977年进入吉林大学历史系考古专业学习的，毕业后进入中国社会科学院考古研究所，在考古学方面造诣深厚，长期担任考古研究所所长、中国考古学会理事长，还是社科院学部委员，他的赐序，使我这本小书顿时有了高大上的感觉。

最后我要感谢的应该是我的妻子。在我颠沛奔走于各地、寻访文物古迹的时候，她总是跟在我的身后，照顾着我的一切。在驾车旅行时，我要全神贯注地开车，她便在后座安排好下一站的住宿和饮食等细节问题；有了她的陪伴，我的访古旅程才不至于孤独枯燥，所以在我写出的这些文字里，有一大半要归功于她的默默付出。

最后再说一句，这本书不是学术性的著作，只是一本从个人眼里所见到的文物古迹的简明介绍。我不期望这样的书能火，但仍希望有更多的读者喜欢，如此，我也更有将这项工作继续做下去的动力。好在时间还长，我们在今后的文博旅途上再相见！

翟德芳
于甲辰端午

图书在版编目（CIP）数据

寻迹古中国 / 翟德芳著． -- 上海：上海三联书店，
2025．1． -- ISBN 978-7-5426-8640-4

Ⅰ．K87-49

中国国家版本馆CIP数据核字第2024FS3142号

寻迹古中国

著　　者 / 翟德芳

责任编辑 / 匡志宏
装帧设计 / ONE→ONE Studio
监　　制 / 姚　军
责任校对 / 王凌霄

出版发行 / 上海三联书店
　　　　　　（200041）中国上海市静安区威海路755号30楼
邮　　箱 / sdxsanlian@sina.com
联系电话 / 编辑部：021-22895517
　　　　　　发行部：021-22895559
印　　刷 / 山东新华印务有限公司

版　　次 / 2025年1月第1版
印　　次 / 2025年1月第1次印刷
开　　本 / 890mm×1240mm　1/32
字　　数 / 178千字
插　　页 / 4页
印　　张 / 10.5
书　　号 / ISBN 978-7-5426-8640-4 / K·801
定　　价 / 69.00元

敬启读者，如发现本书有印装质量问题，请与印刷厂联系0538-6119360